# Das System der Sparförderung in Österreich

G. Inderst · P. Mooslechner · B. Unger

# Das System der Sparförderung in Österreich

## Versuch einer Effizienzanalyse aus finanzwissenschaftlicher Sicht

Mit 6 Abbildungen

Physica-Verlag Heidelberg

**Reihenherausgeber**
Werner A. Müller

**Autoren**
Dr. Georg Inderst
Müllnergasse 14/17
A-1090 Wien

Dr. Peter Mooslechner
Österreichisches Institut für Wirtschaftsforschung
Postfach 91
A-1103 Wien

Dr. Brigitte Unger
Wirtschaftsuniversität Wien
Augasse 2-6
A-1090 Wien

ISBN 978-3-7908-0461-4 ISBN 978-3-642-51541-5 (eBook)
DOI 10.1007/978-3-642-51541-5

CIP-Titelaufnahme der Deutschen Bibliothek
Inderst, Georg:
Das System der Sparförderung in Österreich: Versuch einer Effizienzanalyse aus finanzwissenschaftlicher Sicht / Georg Inderst; Peter Mooslechner; Brigitte Unger. - Heidelberg: Physica-Verl., 1990
(Wirtschaftswissenschaftliche Beiträge; 25)
ISBN 978-3-7908-0461-4
NE: Mooslechner, Peter:; Unger, Brigitte:; GT



7120/7130-543210

**Vorwort**

Die vorliegende Untersuchung entstand als Teilstudie im Rahmen des Gesamtprojekts "Analyse der privaten Geldvermögensbildung in Österreich" des Österreichischen Forschungsinstituts für Sparkassenwesen unter der wissenschaftlichen Leitung von Univ.Prof. Dr. E. Nowotny, Wirtschaftsuniversität Wien. Primäre Zielsetzung dieses Teils des Projektes war die Erfassung und Bewertung des "Systems" an Sparförderungsmaßnahmen in Österreich im Hinblick auf seine wirtschaftspolitische Rolle.

Die Bearbeitung der Studie erfolgte in den Jahren 1987/1988 und stand mit der parallel dazu laufenden Diskussion zur Reform des österreichischen Einkommensteuersystems 1988 in enger Wechselwirkung. Für diese Publikation wurde die Untersuchung deshalb auch um einen kurzen Nachtrag zu den Konsequenzen der ab Jahresbeginn 1989 wirksam gewordenen Steuerreform 1988 auf das Sparförderungssystem ergänzt. Spezieller Dank sei an dieser Stelle Herrn Mag.Erhard Moser (Bundesministerium für Finanzen) für seine freundliche Unterstützung bei vielen Detailproblemen ausgesprochen.

Innerhalb der Gesamtverantwortung für die Ergebnisse der Untersuchung wurden die einzelnen Abschnitte schwerpunktmäßig von folgenden Autoren behandelt: Teil 2 (Georg Inderst); Teil 3 und Teil 6 (Brigitte Unger); Teil 4, Teil 5 und der Anhang zu Teil 6 (Peter Mooslechner). Die gezogenen Schlußfolgerungen sind solche der Autoren, jedoch nicht in allen Punkten solche des Forschungsauftraggebers.

Dr.Georg Inderst Dr.Peter Mooslechner Dr.Brigitte Unger

**Inhaltsverzeichnis**

## 0. Einleitung

Die Sparförderung als wirtschaftspolitisches Instrument ist ins Gerede gekommen. Immer lauter werden die Stimmen, die ein kritisches Überdenken dieses Förderungssegments unter den geänderten ökonomischen Rahmenbedingungen der achtziger Jahre für dringend notwendig erachten (z.B. Schlesinger, 1987). Seit Mitte der siebziger Jahre sehen sich alle entwickelten Industriestaaten mit einem deutlichen Defizit an privater Investitionsbereitschaft bei anhaltend hoher privater Sparneigung konfrontiert. Eine gegenüber der Wachstumsphase in den fünfziger und sechziger Jahren völlig andere Konstellation, die an der Berechtigung eines in den Grundzügen aus dieser Phase stammenden Systems von Sparanreizen zweifeln läßt.

Österreich verfügte in der Nachkriegszeit zweifellos über eines der am stärksten ausgebauten Sparförderungssysteme aller OECD-Länder. Vielleicht mit ein Grund, warum in der österreichischen Nachkriegsentwicklung eine der im internationalen Vergleich höchsten Investitionsquoten "inflationsarm" finanziert werden konnte. Die ökonomische Problematik dieses Systems ist aber nur in sehr wenigen Arbeiten und meist unter sehr spezifischen Gesichtspunkten behandelt worden. Die vorliegende Studie versucht demgegenüber eine möglichst umfassende Bestandsaufnahme und Beurteilung der österreichischen Sparförderung, auch wenn aus dem Blickwinkel des Jahres 1989 manches an dieser Darstellung bereits den Charakter eines Nachrufs anzunehmen scheint.

Zentrale Bedeutung in diesem Versuch kommt der detaillierten Erfassung der Sparförderungsmaßnahmen seit 1945 unter ökonomischen Gesichtspunkten zu (Abschnitt 2). Dabei werden speziell die expliziten Zielsetzungen der einzelnen Maßnahmen herausgearbeitet und der historische Wandel in den Zielvorstellungen der österreichischen Sparförderung untersucht. Dieser historisch-wirtschaftspolitischen Dimension werden in den beiden folgenden Teilen die theoretischen Vorstellungen gegenübergestellt, an denen die konkreten Maßnahmen zu messen sind. Dazu hat sich im Verlauf der Arbeit immer stärker eine Trennung zwischen der im deutschsprachigen Raum geführten Diskussion einerseits sowie der streng mikrotheoretisch orientierten Analyse der angelsächsischen Literatur - und ihrer konkreten Umsetzung in den USA - andererseits aufgedrängt. Eine für die Einschätzung der österreichischen Sparförderung im weiteren wesentliche Polarisierung, die in der Gegenüberstellung der Abschnitte 3 und 4 ihren Niederschlag findet.

Empirische Hauptelemente sind die Schätzungen zur quantitativen Bedeutung geförderter Anlageformen im Rahmen des privaten Geldvermögens (Abschnitt 5) und der aus budgetärer Sicht relevanten Kosten des Sparförderungssystem (Abschnitt 6). Abschließend wird versucht, aus der Zusammenführung von historisch-wirtschaftspolitischen, theoretischen und empirischen Teilkomponenten Schlußfolgerungen zur Effizienz der österreichischen Sparförderung abzuleiten.

## 1. Kurzfassung

*Analyse der Maßnahmen und Zielsetzungen der österreichischen Sparförderung*

Das in Österreich eingesetzte Sparförderungssystem 1945 - 1987 besteht aus Erwerbsförderung (Sonderausgaben im EStG, Steuerprämien und Prämienzahlungen) und aus Ertragsförderung (Freigrenzen und Freibeträge für Kapitalerträge, Steuerbefreiungen für bestimmte Kapitalerträge). Hiebei werden aber *nur die Formen der Erwerbsförderung* vom Gesetzgeber als eigentliche Sparförderungsmaßnahme betrachtet. Ein Nachschlagwerk über Sparförderung findet sich in Teil 2: Rechtsquellen, Zielsetzungen aufgrund der stenographischen Protokolle und Maßnahmen 1945 - 1987 werden dort detailliert beschrieben.

Zielsetzungen der Sparförderung in Österreich waren in der ersten Welle der 50er und frühen 60er Jahre eine Erhöhung des Sparvolumens bzw. der Sparquote, sowie eine längere Geldkapitalbindung, um *Wachstum*, Beschäftigung und die Errichtung von Großprojekten im Österreich der Aufbauzeit (inflationsfrei) zu realisieren. 1962 - 1974 wird an den Grundpfeilern der Sparförderung (Bausparen, Versicherungssparen, Prämiensparen und Wertpapiersparen) nicht gerüttelt, obgleich wohlfahrtsstaatliche Zielsetzungen in den Vordergrund rücken. 1975 findet sich ein fehlkonzipiertes konjunkturpolitisches Argument. Die Förderungseinschränkungen 1976 - 1980 und 1987 sind vor allem budgetpolitisch motiviert. In den 80er Jahren steht die Aufbringung von Risikokapital im Vordergrund, also eine strukturpolitische Zielsetzung.

Insgesamt kann das österreichische Sparförderungssystem wie folgt charakterisiert werden:
- Mit Ausnahme der 50er Jahre läßt sich eine Vielzahl von Zielsetzungen und Instrumenten feststellen, die manchmal inkohärent und inkonsistent erscheinen, sodaß eine klare Schwerpunktsetzung sowohl bezüglich Zielsetzungen als auch Instrumenten nicht ersichtlich ist.
- Das österreichische Sparförderungssystem war von Beginn an durch die Förderung von Fremdkapital gekennzeichnet.
- Der lange Zeit herrschende Grundkonsens über die positive Wirkung der Sparförderung hat dazu geführt, daß unterschiedliche Interessengruppen der Sparer und Finanzinstitute partielle Erhöhungen durchsetzen konnten. Die daraus folgenden *Wettbewerbsverzerrungen* auf Finanzmärkten riefen immer neue Angleichungs- und Harmonisierungsversuche

und Ausweitungen hervor. Erst seit den Budgetproblemen ab 1975 ist diese Entwicklung gebremst worden.

*Theoretische Analyse der Sparförderung*

Das in Österreich lange dominante Ziel der Wachstumsförderung kann durch Sparförderung nur dann verwirklicht werden, wenn es einerseits gelingt, das Sparvolumen zu erhöhen un dieses andererseits gleichzeitig in erhöhte Investitionsgüternachfrage transformiert werden kann. (Innerhalb des neoklassischen Modells bei exogenem technischen Fortschritt kann auch dann nur eine einmalige Erhöhung des Outputs erfolgen, während höhere Wachstumsraten einer ständig steigenden Sparquote bedürfen). Hängen Sparen und Konsum vor allem vom Einkommen und nicht vom Zinssatz ab, kann durch Sparförderung - die ja auf eine Erhöhung der Effektivverzinsung abgestellt - das Sparvolumen nicht nennenswert gesteigert werden, sondern es erfolgt lediglich eine Umschichtung zu bestimmten geförderten Veranlagungsformen. Besteht in einer Wirtschaft kein Spardefizit, wie in den Nachkriegsjahren in Europa, sondern ein Investitionsdefizit, wie seit den 70er Jahren, wirkt Sparförderung, die auf eine Erhöhung des Sparvolumens abzielt, sogar wachstumshemmend.

Bisherige Untersuchungen ergaben, daß in Österreich das Sparvolumen durch Sparförderung nicht gesteigert werden konnte. Für Österreich läßt sich somit aus theoretischen und empirischen Überlegungen *kein wachstumsfördernder Effekt der Sparförderung* ableiten.

Die in der BRD stark diskutierte Frage der Vermögensverteilung durch Sparförderung wurde in Österreich nie behandelt. Verteilungspolitische Zielsetzungen der Sparförderung finden sich in Österreich viel weniger als in der BRD. Die Diskussion in der BRD verbleibt aber ohnehin *skeptisch bezüglich der Erfolgsaussichten einer verteilungspolitisch motivierten Sparförderung*, da untere Einkommensschichten wenig sparen und vor allem Zwecksparen, somit ihre Sparguthaben innerhalb relativ kurzer Frist wieder auflösen. Aufgrund des Schwerpunktes der steuerlichen Sparförderung ist für Österreich in Summe eine negative Verteilungswirkung zu erwarten.

Einer *konjunkturpolitisch* motivierten *Sparförderung* ist *wenig Erfolg* beschieden, da dies eine konjunkturelle Variation der Sparförderungsmaßnahmen erfordern würde, was angesichts angestrebter langer Bindungsfristen problematisch wäre.

Als *Legitimation* der Sparförderung verbleiben daher *sozialpolitisch* motivierte Förderungen, die auf *Eigenvorsorge* bzw. spezifische Mittelverwendung (Wohnbau usw.) abzielen.

Eine mikroökonomische Analyse der allokativen Wirkungen der Sparförderung innerhalb eines Zwei-Perioden-Lebenszyklusmodells kommt zu folgenden Ergebnissen:

- *Jede* Sparförderungsmaßnahme läßt sich als Beeinflussung des Nettozinssatzes verschiedener Formen von Finanzanlagen interpretieren. Dies verdeutlicht, daß die de facto *Nichtbesteuerung von Zinseinkommen* ebenfalls als Sparförderung anzusehen ist, die in Österreich *die massive Basissparförderungsmaßnahme* darstellt.

- Neben dem Substitutionseffekt (zwischen Sparen und Konsum) wird ein entgegengesetzter Einkommenseffekt festgestellt, sodaß der Gesamteinfluß der Sparförderung auf das Sparvolumen des Einzelnen nicht eindeutig ist. Wird über Höchstbeträge hinaus gespart, tritt kein Substitutionseffekt mehr auf. Damit läßt sich auch auf *Mikroebene* eine *positive Wirkunge der Sparförderung auf das Sparvolumen nicht eindeutig nachweisen*.

- Unter Portfoliogesichtspunkten ist eine *Beeinflussung der Struktur der Finanzveranlagung* zugunsten speziell geförderter Anlageformen gegeben. Durch die Möglichkeit der *Kumulierung* der Inanspruchnahme von Sparförderungen sind für Österreich starke Portefeuille-Effekte bei Veränderung der Verzinsung zu erwarten.

*Empirische Analyse der Sparförderung*

Vom Geldvermögen im Besitz von privaten Haushalten, Unternehmungen (ohne Kreditinstitute, Investmentfonds und Vertragsversicherungen) und Organisationen ohne Erwerbscharakter, das 1986 1693,4 Mrd öS betrug, entfielen auf *erwerbsgeförderte Anlageformen* 229,7 Mrd öS, das sind 13,6%. Innerhalb dieser Veranlagungsformen sind die *Forderungen gegen Lebensversicherungen* mit 105,7 Mrd öS (46% des geförderten Volumens) die wichtigste Einzelkategorie, gefolgt von Bauspardeinlagen mit 94,5 Mrd öS (41% des geförderten Geldvermögens) und dem "Restbestand" prämiengeförderter festverzinslicher Wertpapiere mit 20,4 Mrd öS (8,9% des geförderten Geldvermögens). Genußscheine mit 8,2 Mrd öS und junge Aktien mit 0,9 Mrd öS machen zusammen nur ca. 4% des geförderten Geldvermögens aus.

Langfristig gesehen, hat der *Anteil der erwerbsgeförderten Anlageformen* am privaten Geldvermögen bis 1980 kontinuierlich auf 19,3% (Ausnahme: 1976) zugenommen. 1980-1985 erfolgte dann eine starke Reduktion auf 13,4%, *1986* ist wieder eine *geringfügige Zunahme* auf 13,6% zu verzeichnen, die vor allem auf *Bausparen und Lebensversicherungen* zurückzuführen ist.

*Strukturveränderungen* in den geförderten Anlageformen sind insbesondere in der Vergangenheit vom Bausparen *zu den Lebensversicherungen* festzustellen. Seit 1984 sind Forderungen gegenüber Lebensversicherungen die wichtigste Einzelkomponente.

Die *Kosten der Sparförderung* durch *Erwerbsförderung* betrugen 1986 12,9 Mrd öS (3,1 Mrd öS Bausparen, 0,5 Mrd öS prämienbegünstigtes Kapitalsparen, 8 Mrd öS für sonderausgabenbegünstigtes Versicherungssparen und 1,3 Mrd öS für sonderausgabenbegünstigten Erwerb von Genuβscheinen und jungen Aktien). Die Kosten der Ertragsförderung hängen entscheidend vom Grenzsteuersatz des jeweiligen Steuerpflichtigen ab. Bezüglich *Ertragsförderung* konnte daher nur der Versuch einer Schätzung der Kosten unternommen werden. Diese beliefen sich 1986 auf 19,4 Mrd öS (8 Mrd öS Steuerausfall durch Freibeträge bei Zinseinkommen, 11,4 Mrd öS Steuerausfall durch Steuerbefreiungen und Steuerhinterziehung bei einem Grenzsteuersatz von 20%; bei 30% Grenzsteuersatz steigt dieser Wert auf 19,2 Mrd öS). Insgesamt betrugen die Kosten der Sparförderung für den gesamten Öffentlichen Sektor 1986 daher *32,3 Mrd öS.* Davon entfielen 14,3 Mrd öS (44% der Sparförderungskosten) auf den Bund. Im Schnitt werden *31,1%* - also jeder dritte Schilling - *der Neuverschuldung des Öffentlichen Sektors* (bzw. 20,9% des Nettodefizites des Bundes) für Maβnahmen der Sparförderung aufgenommen.

Die Sparförderung beträgt rund ein Fünftel der gesamten Förderungen des öffentlichen Sektors an private Haushalte. Die Effektivverzinsung des gesamten privaten Geldvermögens erhöhte sich durch (legale) Sparförderung 1986 um 1,2 Prozentpunkte (inklusive Steuerhinterziehung sogar um 1,9 Prozentpunkte).

Die weitaus *teuerste Form* der Sparförderung sind Genuβscheine und junge Aktien, mit Kosten von 16,5% des geförderten Volumens, gefolgt von Lebensversicherungen mit 5,2% und dem Bausparen mit 3,8%. Im Durchschnitt werden *erwerbs- und ertragsgeförderte* Anlageformen mit einer Erhöhung der Effektivverzinsung um 5 Prozentpunkte gefördert.

Nur ertragsgeförderte Anlageformen - also jene, die vom Gesetzgeber nicht als im eigentlichen Sinn spargefördert angesehen werden - wie Spareinlagen, Investmentzertifikate, festverzinsliche Wertpapiere usw., werden mit einer Erhöhung der Effektivverzinsung von 1,8 Prozentpunkte (bzw. ohne Steuerhinterziehung mit 0,7 Prozentpunkten) gefördert.

Die legale und illegale *Ertragsförderung* ist der bedeutendste Teil der österreichischen Sparförderung. Auf nur ertragsgeförderte Anlageformen entfallen rund zwei Drittel des gesamten Sparförderungsaufwandes.

Insgesamt kann dem österreichischen Sparfördersystem in seiner bis zur Steuerreform 1988 geltenden Variante keine sehr positive Beurteilung gegeben werden. Es ist ein fiskalisch überaus teures System mit äußerst unsicheren Wirkungen auf das Sparvolumen und mit ausgeprägt negativen Verteilungskonsequenzen. Lediglich im Anreizeffekt zur Veranlagung in spezifische Anlageformen lassen sich Verhaltensänderungen in die gewünschte Richtung feststellen. Freilich sind diese relativ geringen Effekte aber sehr teuer erkauft.

## 2. Die Sparförderung in Österreich 1945 - 1987: Maßnahmen und Zielsetzungen

### *2.1 Definition, Arten und Formen der Sparförderung*

Definition

Maßnahmen der Sparförderung sind direkte oder indirekte (steuerliche) Subventionen der Gebietskörperschaften an private Haushalte, um deren Sparen (Stromgröße i.S. der VGR) in Niveau und Struktur, sowie die Zusammensetzung ihrer Finanzanlagen (Bestandsgrößen) zu beeinflussen. Außer sparpolitischen werden damit in der Regel auch weitergehende wirtschafts- und sozialpolitische Zielsetzungen verfolgt.

Nicht unter diese Definition der Sparförderung fallen u.a.:

- die Förderung des Sparens der Unternehmen (z.B. steuerliche Investitionsbegünstigungen, betriebliche Sozialkapitalbildung),
- die Beeinflussung des Sparens über das staatliche Sozialversicherungssystem;
- die Auswirkungen von Verlustzuweisungen.[1]

Arten der Sparförderung:

Sparförderung erfolgt als Förderung

- des Erwerbs,
- des Ertrags,
- des Besitzes

von (bestimmten) Geld- und Kapitalanlagen privater Haushalte.

---

1) Vgl. Winckler, 1987, S. 4

Formen der Sparförderung:

Die in Österreich[2] verwendeten Sparförderungsinstrumente sind bei der Erwerbsförderung
- Sonderausgaben im EStG,
- Steuerprämien,
- Prämienzahlungen,

und bei der Ertragsförderung
- Freigrenzen für Kapitalerträge,
- Freibeträge für Kapitalerträge,
- Steuerbefreiung für bestimmte Kapitalerträge.

Diese verschiedenen Formen der Sparförderungunterscheiden sich u.a. in folgenden Punkten:

(RR) rechtliche Regelungen im EStG bzw. nicht im EStG, steuerrechtliche Stellung und Beurteilung;

(BW) einnahmen- oder ausgabenseitige Budgetwirksamkeit, belastete Gebietskörperschaften;

(SP) Förderungsausmaß abhängig von der Höhe des Einkommens des Sparers oder nicht;

(ÖF) geförderte Sparanlagen im einzelnen, Zeitraum der Geltung in Österreich.

## 2.1.1 Erwerbsförderung

### 2.1.1.1 Sonderausgaben im EStG

RR: (§18 EStG 1972, §10 EStG 1939, 1953, 1967) Sonderausgaben sind vom Gesamtbetrag der Einkünfte abzuziehen, reduzieren also das steuerpflichtige Einkommen (§2(2), und damit die Steuerbemessungsgrundlage (§33, (1)).
"Die Sonderausgaben sind steuertheoretisch nichts anderes als Einkommensverwendung. Sie könnten daher das steuerpflichtige Einkommen nicht schmälern, wenn sie nicht im Gesetz ausdrücklich für abzugsfähig erklärt worden wären."[3] Sie wider-

2) Für einen internationalen Vergleich siehe Byrne, 1976.

3) Pucharski, 1953, S. 91

sprechen dem Leistungsfähigkeitsprinzip und dem Prinzip der Nichtabzugsfähigkeit der Kosten der privaten Lebensführung im EStG.

BW: Einnahmenminderung durch niedrigere Bemessungsgrundlagen zu Lasten aller am ESt-Aufkommen beteiligten Gebietskörperschaften

SP: Förderung für unbeschränkt Steuerpflichtige; Ausmaβ abhängig von der Höhe der versteuerbaren Einkommens (bzw. vom Grenzsteuersatz)

ÖF: Versicherungssparen ab 1945
Bausparen 1945 - 1972
Genuβscheinsparen ab 1982
Aktiensparen ab 1985

2.1.1.2 Steuerprämien

RR: Steuerprämien sind pauschale Erstattungen von Einkommenssteuer, also (direkte) Subventionen in der Höhe eines bestimmten Prozentsatzes der Anschaffungskosten einer Anlage); nur z.T. im EStG enthalten.
"Der Bezug von Einkommen oder die Zahlung von ESt (LSt) sind nicht Voraussetzung. Die 'Erstattung' erfolgt somit auch dann, wenn überhaupt keine ESt entrichtet wird."[4]
"Der Zusammenhang dieser Zahlungen mit der ESt ist nur mehr ein sehr loser. Ob die Regelungen durch den Kompetenztatbestand 'Abgabenwesen' gedeckt sind, ist zweifelhaft. Die Gründe für diese bedenkliche Vorgangsweise sind zum Teil verfahrensrechtlicher Art (Zuständigkeit der Finanzämter), zum Teil finanzausgleichsrechtlicher Natur: Erstattungs- und Abgeltungsbeträge gehen zu Lasten aller am ESt-Aufkommen beteiligten Ggebietskörperschaften, Transferzahlungen (...) hat der Bund dagegen allein zu tragen."[5]

BW: Einnahmenminderung durch niedriges ESt-Aufkommen zu Lasten aller beteiligten Gebietskörperschaften

SP: Förderung für unbeschränkt Steuerpflichtige; Ausmaβ unabhängig vom Einkommen

ÖF: Kontensparen 1953 - 1955
Wertpapiersparen 1953 - 1955

---

4) Doralt/Ruppe, 1978, S. 144

5) Doralt/Ruppe, 1986, S. 16 f.

Wertpapiersparen 1958 - 1979
Aktiensparen 1972 - 1979
Bausparen ab 1972
Kapitalversicherungssparen 1982 - 1987

2.1.1.3 Prämienzahlungen

RR: Prämienzahlungen (Sparprämien) in der Höhe eines bestimmten Prozentsatzes der Anschaffungskosten oder eines Anteils der Zinsen auf laufende Einzahlungen sind echte (direkte) Subventionen des Bundes für bestimmte begünstigte Sparanlagen; nicht im EStG.

BW: Ausgabenerhöhung (Transfers an Sparer über Banken) zu Lasten allein des Bundeshaushaltes

SP: Förderung für natürliche Personen mit Prämiensparvertrag; Ausmaß unabhängig vom Einkommen

ÖF: Prämiensparen 1962-1980

2.1.2 Ertragsförderung

2.1.2.1 Freigrenze für Kapitalerträge

RR: Freigrenze im EStG für bestimmte Einkünfte: keine Besteuerung unter der Grenze, Besteuerung des gesamten Betrages beim Überschreiten der Grenze

BW: Einnahmenminderung durch niedrigere versteuerbare Einkommen zu Lasten aller am ESt-Aufkommen beteiligten Gebietskörperschaften

SP: Begünstigung für unbeschränkt Steuerpflichtige; Ausmaß abhängig von der Höhe des versteuerbaren Einkommens (bzw. vom Grenzsteuersatz)

ÖF: (§46, (2) EStG 1939) Freigrenze für nichtabzugspflichtige Einkünfte (d.h. bei Kapitalerträgen für Zinsen aus festverzinslichen Wertpapieren, Sparguthaben etc., nicht aber für kapitalertragssteuerpflichtige Einkünfte wie Aktiendividenden und Gewinnanteile von Genossenschaften); geltend 1945-1947

2.1.2.2. Freibetrag für Kapitalerträge

RR: Freibetrag im EStG für bestimmte Einkünfte; Besteuerung nur des den Freibetrag übersteigenden Betrages, also Minderung der Bemessungsgrundlage

BW: siehe Freigrenze (2.1.2.1)

SP: siehe Freigrenze (2.1.2.1)

ÖF:
a) (§46,(2) EStG 1939, §39,(2) EStG 1953) Freibetrag für nichtabzugspflichtige Einkünfte (siehe Freigrenze (2.1.2.1)); geltend 1948-1957
b) (§ 93,(4), §93a EStG 1953 und 1967; §40, §41,(3) EStG 1972) für Lohnsteuerpflichtige: getrennte Freibeträge für nichtabzugspflichtige und für bestimmte kapitalertragssteuerpflichtige Einkünfte (Dividenden und Gewinnanteile von Genossenschaften), für Nichtlohnsteuerpflichtige: ein Freibetrag für Dividenden, Gewinnanteile von Genossenschaften und (bis 1976) Zinsen aus festverzinslichen Wertpapieren; geltend ab 1958

2.1.2.3 Steuerbefreiungen für bestimmte Kapitalerträge

RR: Einkommenssteuerbefreiungen (unbegrenzt oder nur bis zu bestimmten Höchstbetrag) für bestimmte Erträge aus Kapitalvermögen; nur z.T. im EStG. Sie durchbrechen das Prinzip der synthetischen Einkommenssteuer.

BW: siehe Freigrenze (2.1.2.1)

SP: siehe Freigrenze (2.1.2.1)

ÖF:
a) (§20,(3), ab 1966 §104 EStG 1953 und 1967, §3,31 EStG 1072) Zinsen aus begünstigten Wertpapieren steuerfrei (nicht aber Dividenden aus ab 1972 begünstigten Aktien); geltend 1958 - 1979
b) (PrämienförderungsG 1962, §3,32 EstG 1972) Sparprämien steuerfrei; geltend ab 1962
c) (§27,(4) EStG 1972) Zinsen aus Spareinlagen und laufenden Guthaben bei Banken (bis zu bestimmtem Höchstbetrag) steuerfrei; geltend ab 1973
d) (§27,(5) EStG 1972) Zinsen aus festverzinslichen Wertpapieren (bis zu bestimmten Nennbetrag) steuerfrei; geltend ab 1979
e) (§27,(6) EStG 1972) Ausschüttungen aus begünstigen Genußscheinen steuerfrei; Gewinnanteile i.S. des BeteiligungsfondG (bis zu bestimmtem Höchstbetrag) steuerfrei; geltend ab 1982
f) (§27,(6) EStG 1972) Dividenden aus begünstigten jungen Aktien steuerfrei; geltend ab 1986
g) Private Versicherungsleistungen, soweit nicht in Rentenform, sind nicht einkommenssteuerpflichtig, also auch Gewinnbeteiligungen beim Versicherungssparen (§2 EStG 1939 - 1972)

h) Wertsteigerungen des Kapitalstammes, sofern mehr als 1 Jahre zwischen Anschaffung und Veräußerung liegt (also kein Spekulationsgeschäft i.S. des EStG vorliegt) sind nicht einkommenssteuerpflichtig (§23 EStG 1939-1967, §30 EStG 1972)

i) Steuerprämien sind als "Steuererstattungen" nicht einkommenssteuerpflichtig

## *2.2 Die Entwicklung der österreichischen Sparförderung nach 1945*

### 2.2.1 Überblick

Zur leichteren Orientierung sei zunächst ein schlagwortartiger Überblick gegeben, der nach Förderungsmaßnahmen geordnet ist. Die erste Spalte enthält das Jahr der gesetzlichen Maßnahme, die zweite den Verweis auf die Detailbeschreibung in Kap. 2.2.3 und die dritte die wesentlichsten rechtlichen Änderungen.

### I. Erwerbsförderung

*Versicherungssparen:*

| | | |
|---|---|---|
| 1945 | I,1 | Wiedereinführung als Sonderausgabe im EStG |
| 1948 | I,3 | Erhöhung (immer: Höchstbetrag) |
| 1949 | I,4 | Erhöhung |
| 1950 | I,5 | Erhöhung |
| 1951 | I,6 | Trennung Pflicht- und freiwillige Versicherungen, Erhöhung |
| 1954 | I,9 | Erhöhung |
| 1957 | I,10 | Erhöhung für Ältere |
| 1966 | I,14 | Erhöhung für Ehegatten und Kinder |
| 1970 | I,16 | Einführung Mindestbindungsdauer |
| 1972 | I,17 | Erhöhung, Verlängerung Bindung |
| 1974 | I,21 | Erhöhung |
| 1979 | I,28 | Verlängerung Bindung |
| 1981 | I,32 | Änderungen |
| 1982 | I,35 | Erhöhung |
| 1982 | I,34 | Einführung Kapitalversicherungssparen als Steuerprämie |
| 1985 | I,36 | Änderungen |
| 1987 | I,41 | Abschaffung Kapitalversicherungssparen |

*Bausparen:*

| | | |
|---|---|---|
| 1945 | I,1 | Wiedereinführung als Sonderausgabe im EStG |
| 1948 | I,3 | Erhöhung (immer: Höchstbetrag) |
| 1949 | I,4 | Erhöhung |
| 1950 | I,5 | Erhöhung |
| 1951 | I,6 | Erhöhung |
| 1954 | I,9 | Erhöhung |
| 1957 | I,10 | Aufhebung Verwendungsvoraussetzung, Einführung Mindestbindungsdauer |
| 1966 | I,14 | Erhöhung |
| 1972 | I,18 | Abschaffung als Sonderausgabe, Einführung als Steuerprämie, Verlängerung Bindung, Erhöhung Höchstbetrag |
| 1976 | I,23 | Kürzung Prämiensatz, Förderung unbefristet |
| 1979 | I,27 | Kürzung Prämiensatz, Verkürzung Bindung |

| | |
|---|---|
| 1981 I,31 | Erhöhung Prämiensatz und Höchstbetrag, Verlängerung Bindung |
| 1987 I,40 | Kürzung Prämiensatz |

*Konten- und Prämiensparen:*

| | |
|---|---|
| 1953 I,7 | Einführung als Steuerprämie (bis 1955 befristet) |
| 1962 I,12 | Einführung Prämiensparen als Prämienzahlung |
| 1972 I,10 | Erhöhung, Verkürzung, Änderungen |
| 1976 I,22 | Kürzung, Verlängerung |
| 1979 I,29 | Kürzung, Verkürzung |
| 1980 I,30 | Abschaffung der staatlichen Prämienzahlung |

*Wertpapiersparen (Fremdkapital):*

| | |
|---|---|
| 1953 I,7 | Einführung als Steuerprämie (bis 1955 befristet) |
| 1958 I,11 | Einführung als Steuerprämie für Arbeitnehmer, als Betriebsausgabe für Unternehmer |
| 1966 I,13 | Erweiterung Emittenten, einheitliche Prämienform für Arbeitnehmer und nichtbilanzierende Unternehmer, Erhöhung Sparbetrag, Mindestlaufzeit |
| 1972 I,19 | Ausweitung auf alle unbeschränkt Steuerpflichtigen, Sparbetragsmaximum gemeinsam mit Aktien |
| 1976 I,24 | Kürzung Prämiensatz, Ausschluß Fremdwährungsanleihen |
| 1978 I,25 | Kürzung Prämiensatz, Verwendung Investitionsrücklage Freiberufler |
| 1979 I,26 | Abschaffung Steuerprämie |

*Aktien- und Genußscheinsparen:*

| | |
|---|---|
| 1972 I,19 | Einführung Aktiensparen als Steuerprämie |
| 1976 I,24 | Kürzung Prämiensatz |
| 1978 I,25 | Kürzung Prämiensatz |
| 1979 I,26 | Abschaffung Steuerprämie |
| 1982 I,33 | Einführung Genußscheinsparen als Sonderausgabe im EStG |
| 1985 I,37 | Einschränkung Abzugsfähigkeit Genußscheine |
| 1985 I,28 | Einführung Aktiensparen als Sonderausgabe im EStG |
| 1987 I,39 | Kürzung Höchstbetrag für Aktien und Genußscheine |

## II. Ertragförderung

*Freigrenzen und Freibeträge für Kapitalerträge:*

| | |
|---|---|
| 1945 II,1 | Wiedereinführung Freigrenze für nichtabzugspflichtige Einkünfte (bei Kapitalerträgen z.B. Zinsen aus festverzinslichen Wertpapieren und aus Sparguthaben) |
| 1949 II,2 | Freibetrag statt Freigrenze, Erhöhung |
| 1950 II,3 | Erhöhung |
| 1951 II,4 | Erhöhung |
| 1053 II,5 | Änderung |
| 1955 II,6 | Erhöhung |
| 1957 II,7 | Trennung Freibeträge für Lohnsteuer- und Nichtlohnsteuerpflichtige, Erweiterung auf Dividenden und Gewinnanteile von Genossenschaften |
| 1960 II,9 | tlw. Erhöhung |
| 1962 II,11 | tlw. Erhöhung |
| 1970 II,13 | tlw. Erhöhung |
| 1972 II,14 | tlw. Erhöhung |
| 1974 II,16 | Erhöhung |
| 1977 II,17 | Ausschluß Wertpapierzinsen vom Freibetrag für Nichtlohnsteuerpflichtige |
| 1980 II,19 | Erweiterung auf Zinsen aus Wandel- und Gewinnschuldverschreibungen |
| 1986 II,23 | Erweiterung auf Gewinnanteile aus Genußrechten und aus Partizipationskapital |

*Steuerbefreiungen für bestimmte Kapitalerträge:*

| | |
|---|---|
| 1958 II,8 | Zinsen aus begünstigten Wertpapieren (I, 11) |
| 1962 II,10 | Sparprämien des Prämiensparens (I,12) |
| 1966 II,12 | Erweiterung der begünstigten Wertpapiere (I,13) |
| 1972 II,15 | Zinsen aus Sparguthaben bis Höchstbetrag |
| 1974 II,16 | Zinsen aus Sparguthaben; Erhöhung Höchstbetrag |
| 1979 II,18 | Zinsen aus (nichtgeförderten) festverzinslichen Wertpapieren (bis zu bestimmtem Nennbetrag) (I.26) |
| 1982 II,20 | Ausschüttungen aus begünstigten Genußscheinen, Gewinnanteile aus Beteiligungen i.S. des BeteiligungsfondG bis Höchstbetrag (I,33) |
| 1983 II,21 | Zinsen aus Spareinlagen; Erhöhung Höchstbetrag |
| 1985 II,22 | Dividenden aus begünstigten jungen Aktien (I,38) |

### 2.2.2. Entwicklung der Maßnahmen, Begründungen und Zielsetzungen[6]

*1945 - 1952*

1945 wird mit der Wiedereinführung des EStG 1939 die Abzugsfähigkeit der *Beiträge an gesetzliche und freiwillige Versicherungen und Bausparkassen* (bei bestimmungsgemäßer Verwendung für den Wohnbau) als Sonderausgaben im EStG wiederhergestellt (I,1). Die für beide Anlagen zusammen geltenden Höchstbeträge werden wie der Pauschalbetrag für Sonderausgaben in den ersten Nachkriegsjahren aus Gründen der Inflationsanpassung und der "Progressionsmilderung" mehrmals angehoben (I,2.3.4.5.6).

1951 erfolgt eine größere Umstellung bei den Sonderausgaben. Statt der Deckung durch den Pauschbetrag (der abgeschafft wird) werden nun Pflichtversicherungsbeiträge voll als Sonderausgaben abzugsfähig, während die Höchstbeträge für freiwillige Versicherungen und Bausparen getrennt und erhöht werden. Die "Förderung des Wohnbaus aus sozialen und wirtschaftlichen Gründen" scheint als erstes explizites Sparförderungsziel in der RV auf (I,6).

Bei der Veranlagung steuerabzugspflichtiger Einkünfte (Lohn- und Kapitalertragssteuer) wird im EStG 1939 eine *Freigrenze* für nichtabzugspflichtige Einkünfte gewährt, wozu (bei den Einkünften aus Kapitalvermögen) auch Zinsen aus festverzinslichen Wertpapieren und Sparguthaben gehören, nicht aber Aktiendividenden, Gewinnanteile von Genossenschaften usw. als kapitalertragssteuerpflichtige Einkünfte (II,1).

1949 wird die Freigrenze zur "Vermeidung von Härten" am Grenzbetrag in einen *Freibetrag* umgewandelt. Auch dieser wird im ersten Nachkriegsjahrzehnt geänderten Kaufkraftverhältnissen öfters angepaßt (II,2.3.4.6).

*1953 - 1962*

1953 werden mit dem Sparbegünstigungs- und dem Energieanleihegesetz das (bis 1955 zeitlich begrenzte) *Konten- und Wertpapiersparen* in der Form von Steuerprämien eingeführt, womit nach den Sonderausgaben eine zweite Form der Förderung des Erwerbs be-

6) Zielsetzungen und Begründungen der Maßnahmen aus den Stenographischen Protokollen des Nationalrates. Die genauen Angaben sind mittels der Verweiskürzel (z.B. I,1) in Kapt 2.2.3 zu finden.

stimmter Sparanlagen etabliert wird. Zu bemerken ist dabei neben der relativ kurzen Bindungsfrist von 3 Jahren die Besserstellung der Arbeitnehmer durch eine höhere Prämie, die erst im Parlament vorgenommen wird. Im Gegensatz zur später durchwegs üblichen Praxis sind die Erträge dieses "begünstigten Sparkapitals" nicht einkommenssteuerfrei, während aber vermögenssteuerliche Befreiungen nicht fehlen. Die Steuervorteile sollen erhöhten Konsumverzicht, längere Geldkapitalbildung und eine Förderung des Kapitalmarktes bewirken, womit eine höhere Investitionstätigkeit und damit auch höhere Beschäftigung bezweckt wird. Im besonderen soll durch diese Anleihepolitik ein hohes privates Sparaufkommen "große Projekte", wie den "Ausbau der Wasserkräfte" ermöglichen (I,7).

Das Versicherungsförderungsgesetz 1954 bringt eine weitere *Erhöhung des Bau- und Versicherungssparens*, die diesmal aber nicht als nominelle Anpassung begründet wird. Erhöhung des Sparvolumens, langfristige Kapitalbildung für "volkswirtschaftlich bedeutende Unternehmungen", aber auch Förderung der privaten Vorsorge bei gleichzeitiger Entlastung des Staates auf dem Gebiete der sozialen Fürsorge sind die Ziele (I,9).

Somit sind (bei klaren und kohärent erscheinenden Zielsetzungen) schon in den frühen fünfziger Jahren die vier Grundpfeiler einer Anlagenförderung, die bis ans Ende der siebziger Jahre bestehen bleiben, gesetzt, womit auch eine Art "Aufteilung" auf die involvierten Finanzintermediäre (Versicherungen, Bausparkassen, Sparkassen und Banken) festgelegt ist.

Interessant aus heutiger Sicht ist die "klassische Argumentationskette der Regierung Raab/Kamitz im Kontext der allgemeinen Tarifermäßigung im neuen *EStG 1953:* die Steuersenkung, als "einfachste" und "wirksamste" Sparförderungsmaßnahme bezeichnet, erhöht das private Sparen und fördert die Schaffung eines Kapitalmarktes, der die Mittel für "die gewaltigen noch durchzuführenden Investitionen" bereitstellt (I,8).

Nicht begründet wird in der RV die Ersetzung der Verwendungsvoraussetzung der Bauspargelder durch eine Mindestbindungsdauer im Jahre 1957. Gleichzeitig entsteht die erste "rein" sozialpolitisch motivierte Maßnahme, die Aufstockung des Sonderausgabenhöchstbetrages für Versicherungen älterer Menschen, die mit der Entwertung ihrer früheren Ersparnisse gerechtfertigt wird (I,10).

1957 wird auch eine *Neugestaltung der Freibetragsregelung* im EStG 1953 vorgenommen, dic im wesentlichen heute noch so besteht. Für Lohnsteuerpflichtige wird neben dem bereits geltenden Freibetrag für nichtabzugspflichtige Einkünfte ein weiterer für Dividenden und Gewinnanteile von Genossenschaften geschaffen. Für Nichtlohnsteuerpflichtige hingegen gilt ein einheitlicher Freibetrag für Dividenden, Gewinnanteile von Genossenschaften *und* Zinsen aus festverzinslichen Wertpapieren (nicht aber z.B. für Zinsen aus Spareinlagen). Damit sollen Kapitaleinkommen im EStG bessergestellt werden und Anreize zum Erwerb von Aktien und anderen Gewinnbeteiligungen gegeben werden. Diese steuerrechtliche Stärkung des Eigenkapitals (über die Erträge) steht bis zum Jahre 1972 als solitäre Maßnahme in der ansonsten fremdkapitalorientierten Sparförderung da (II,7).

1960 und 1962 erfolgen Freibetragserhöhungen für Lohnsteuerpflichtige, die z.T. in Zusammenhang mit Problemen bei Haushaltsbesteuerung stehen (II,9.11).

Die Verlängerung des Konten- und Wertpapiersparens sowie "Bemühungen um Systematisierung der Sparförderung in Österreich scheitern vor allem am Konkurrenzverhältnis zwischen den einzelnen Bereichen der Geldwirtschaft".[7] Erst 1958 wird wieder eine für Arbeitnehmer (wieder in der Form einer Steuerprämie) und Unternehmer (in der Form der Absetzbarkeit als Betriebsausgaben) unterschiedliche Förderung des *Erwerbs von festverzinslichen Wertpapieren*, deren Zinsen zudem noch einkommenssteuerfrei sind, eingeführt. Die Schaffung der EFTA, die "kommende Automation", die Begünstigung langfristiger Investitionen sind die angegebenen Gründe. Außerdem taucht das selten ausgesprochene Motiv der "Erhöhung der Finanzkraft der Gebietskörperschaften" hier auf (I,11;II,8).

Das Kontensparen wird erst nach 7 Jahren durch das *Prämiensparförderungsgesetz* 1962 wiederbegünstigt, allerdings diesmal in der Form einer (steuerfreien) Sparprämie, also einer echten ausgabenseitigen Subvention des Bundes. Außerdem übernimmt der Bund für Anschlußkredite an jugendliche Sparer zur Hausstandsgründung und Wohnraumbeschaffung eine begrenzte Ausfallshaftung (Jugendbürgschaft).

Das Gesetz bildet einen Kompromiß zwischen den getrennten Initiativanträgen der ÖVP und der SPÖ. Mit ihrer nur auf Jugendliche beschränkten und zeitlich begrenzten Prämiensparinitiative verfolgt die ÖVP mittels der Anregung zu zielstrebiger Spartätigkeit ju-

7) Greisinger, 1977, S. 202

gendpolitische und sozialpädagogische Ziele. "Als sicherlich nicht zu unterschätzende Folgeerscheinung" wird die besonders für den Wohnbau vorteilhafte (privat-) kapitalbildende Wirkung genannt. Der Antrag beruft sich auf entsprechende Forderungen der Jugendverbände und der Sparinstitute und verweist auf ein bestehendes "Jugendwohnspar-Regulativ" zwischem dem ÖJR und Banken. Die SPÖ versucht in ihrem Antrag eine "Koordinierung aller Sparförderungsmaßnahmen", indem neben dem Prämiensparen und der Jugendbürgschaft auch eine einheitliche Prämienförderung bei Wertpapieren für natürliche und juristische Personen außerhalb des ESt-Rechts vorgebracht wird. Dies wird genauso wie neue einheitliche und generelle Freibetragsregelungen für Kapitalerträge und Kapitalvermögen im EStG und BewG nicht angenommen. Die SPÖ betont in ihren Erläuterungen ungünstige Verteilungswirkungen für Arbeitnehmer und zu hohe Budgetbelastung der geltenden gespaltenen Wertpapierförderung, deren "bedeutende Einschränkung" zu Mehreinnahmen führen soll, die zur Deckung der neuen Förderungsmaßnahmen "bei weitem ausreichen werden" (I,12;II,10).

Mit dem PrämiensparförderungsG ist also 1962 der vierte Pfeiler der Sparförderung wiedererrichtet, aber auch ein deutlicher sozialpolitischer Schwerpunkt und sicherlich auch ein verteilungspolitisches Korrektiv zu den übrigen Förderungen gesetzt.

*1963 - 1975*

Im Zuge von Maßnahmen zur Förderung des Wirtschaftswachstums wird 1966 die *Wertpapiersparförderung* mit einer Steuerprämien für Arbeitnehmer und nichtbilanzierende Unternehmer vereinheitlicht und die Absetzbarkeit von Wertpapieren als Betriebsausgabe abgeschafft. Außerdem wird der Emittentenkreis durch die Hinzunahme von Pfandbriefen und Kommunalschuldverschreibungen erweitert sowie der maximale Sparbetrag erhöht. Gleichbehandlung von Arbeitnehmern und Unternehmern sowie Verzerrungen auf dem Wertpapiermarkt werden als Gründe angegeben (I,13;II,12).

Bei den Sonderausgaben werden 1966 unter Berufung auf den verfassungsrechtlichen Gleichheitsgrundsatz die Höchstbeträge der Ehegatten gleichgestelt und außerdem jene für Kinder angehoben. Weiters wird der Pauschbetrag für bestimmte Sonderausgaben, darunter Bauspar- und Versicherungsbeiträge, wieder eingeführt, der verteilungspolitisch mit Vorteilen für Niedrigsteinkommen und breiter "Milderung der Progression" sowie als Verwaltungsvereinfachung gerechtfertigt wird (I,14).

Schon 1967 wird bei ähnlicher Begründung, mit besonderem Verweis auf Pensionisten und Rentner, der Pauschbetrag angehoben (I,15).

Zur Vermeidung von Versicherungsabschlüssen zur Steuerumgehung wird 1970 eine Mindestbindungsdauer beim Versicherungssparen festgelegt. (I,16)

Das *EStG 1972* bringt bei Umstellung von der Haushalts- zur Individualbesteuerung und von Steuerfrei- zu Absetzbeträgen eine Reihe von Änderungen, Erhöhungen und Erweiterungen bei der Sparförderung.

Die *Bausparförderung* wird auf ein *Steuerprämiensystem* umgestellt, wobei auch die Höchstbeträge von jenen für Versicherungsverträge getrennt und somit für beide Sparformen "verdoppelt" werden. Gleichzeitig werden die jeweiligen Bindungsfristen verlängert. Die Begründung der Regierungsvorlage zur Systemänderung ist rein technisch ("Verwaltungsvereinfachung"), wenn man vom ökonomischen Aspekt verkürzter Wartezeiten bei den Finanzämtern absieht. Der ÖVP-Minderheitenbericht sieht durch die Umstellung "bestimmte soziale Gruppen" benachteiligt und schlägt die Wahlmöglichkeit des Sparers zwischen Sonderausgaben- und Prämienform vor. Die verlängerte Versicherungssparzeit sollte laut RV eine Ausweitung auf Kosten des Bausparens und "zu hohe budgetäre Ausfälle" verhindern (I,17.18).

Das *Wertpapiersparen* wird hinsichtlich der Anschaffung, bei Ausdehnung des Begünstigtenkreise auf alle unbeschränkt Steuerpflichtigen, mit dem EStG 1972 auf *Aktien* erweitert, aber ohne Steuerbefreiung der entsprechenden Erträge (i.G. zu den festverzinslichen Papieren). Erhöhte Eigenkapitalzufuhr an österreichische Aktiengesellschaften ist das Ziel (I,19;II,15).

Ebenfalls noch 1972 wird das *Prämiensparen* bei verlängerter Bindungs- und Förderungszeit erhöht und durch jährliche Prämienzahlung "attraktiver" gemacht. Dem SPÖ/FPÖ Initiativantrag liegen verteilungspolitische und geldmarktpolitische Zielsetzungen zugrunde. Im besonderen tritt die für die siebziger Jahre typische Vorstellung einer harmonischen

Förderung verschiedener Anlagen unter Erhaltung einer bestimmten Verzinsungsstruktur und unter Bedacht auf die Wettbewerbsverhältnisse zwischen Finanzintermediären auf den Anlagemärkten auf (I,20).

Die *Freibeträge* für Kapitalerträge werden 1970 bzw. 1972 und 1974 zur Milderung der "Steuerprogression" in unteren und mittleren Einkommensstufen "valorisiert". Dies ist die bislang letzte Anpassung, während in der Folge noch eine Reihe von Steuerbefreiungen für spezielle Kapitalerträge hinzukommt. (II,13.14.16) 1977 erfolgt noch eine Einschränkung des Freibetrages für Nichtlohnsteuerpflichtige auf bestimmte kapitalertragssteuerpflichtige Einkünfte, sodaß Zinsen aus festverzinslichen Wertpapieren aus Gründen der "Vereinheitlichung" mit den Bestimmungen der Lohnsteuerpflichtigen nunmehr ausgeschlossen sind (II,17).

Der Freibetrag für kapitalertragssteuerpflichtige Einkünfte wird 1980 auf Zinsen aus Wandel- und Gewinnschuldverschreibungen und 1985 auf Gewinnanteile und Zinsen aus Genußrechten und aus Partizipationskapital i.S. des KWG erweitert (II,19.23).

Im EStG 1972 wird ein *Freibetrag für Zinsen aus Spareinlagen* und laufenden Guthaben bei Banken (also auch für Zinsen aus Bausparkonten) eingeführt, der 1974 unter Berufung auf die Anhebung des Spareinlagenzinssatzes und 1983 in Zusammenhang mit der Einführung der Zinsertragssteuer erhöht wird (II,15.16.21).

Schon 1974 werden die Höchstbeträge beim Versicherungssparen und der Pauschbetrag für Sonderausgaben angehoben, wobei erstere Maßnahme eine Angleichung an die Höchstbeträge der Aufwendungen für die Wohraumbeschaffung und letztere eine Verwaltungsvereinfachung und Inflationsanpassung sein soll. Die ÖVP fordert im Minderheitenbericht "höhere Staatszuschüsse" und verkürzte Bindungsfristen bei verschiedenen Sparformen als Beitrag zur Kaufkraftabschöpfung (I,21).

Damit ist aus der Sicht der Rechtsbestimmungen vor der Rezession 1975 der "*Höhepunkt*" der staatlichen Sparförderung erreicht.

*1976 - 1980*

Das Jahr 1976 bildet eine Zäsur in der staatlichen Sparförderung: außer beim Versicherungssparen werden alle Förderungen gekürzt. Dabei ist interessant, daß sich die Regierung von der Reduktion der Bau- und Wertpapiersparprämien wegen angenommener mengenmäßiger Steigerung keine Budgetersparnis verspricht (I,23.24).

Die gesetzte Trendwende ist aber anscheinend nur als temporäre verstanden. Der Prämiensatzkürzung 1976 widerspricht längerfristig die Verlängerung der Bindungs- und gleichzeitig Förderungsdauer beim Prämiensparen, da sich die geförderten Sparguthaben pro Sparvertrag jährlich stark erhöhen. Somit ist die Budgetersparnis nur temporär, und die Budgetkosten steigen massiv, wenn die Prämien des 5. Sparjahres fällig werden. Die erstmalige (prozyklische) konjunkturpolitische Begründung scheint einfach verkehrt zu sein. Die "übergeordnete kredit- und währungspolitischen" Gründe, die eine marktkonforme, wettbewerbsneutrale Revision" erfordern, werden nicht weiter ausgeführt. Letztlich wird auch das budgetäre Motiv genannt (I,22).

Das Wertpapiersparen wird aus budgetären Erwägungen 1978 weiter gekürzt. Freiberuflern wird in anderer Form eine Steuerstundung durch Wertpapieranschaffung ermöglicht, die als sozialpolitisches "Nachziehen" des Bundes gegenüber dieser Gruppe verstanden wird (I,25).

Die endgültige (budgetär begründete) *Abschaffung der begünstigten Wertpapieranschaffung* in Prämienform im Jahre 1979 wird gemildert durch die neue *Steuerbefreiung für Zinsen* aus festverzinslichen Wertpapieren bis zu einem bestimmten Nennbetrag im EStG, wogegen Aktien keine Förderung mehr erfahren (I,26;II,18). Beim Bausparen wird 1979, bei neuerlich starker Prämienkürzung, die Bindungsdauer verkürzt, während sie beim Versicherungssparen verlängert wird (I,27.28).

Gleichzeitig werden Prämie und Förderungszeit beim Prämiensparen gekürzt. Maßnahmen, die die Kosten für den Bund um ca. 2/3 senken sollen. Die hohe Sparneigung und Geldkapitalbildung, niedrige Inflation, hohe Realverzinsung, Erhaltung der Zinsstruktur, die Parallelität zu den übrigen Kürzungen und die Belastung der Steuerzahler werden in der Regierungsvorlage genannt (I,29).

Ein Jahr später (1980) ist das Ende der einzigen ausgabenseitigen *Prämienförderung* besiegelt, wohl aber bleibt das Prämiensparen gesetzlich geregelt sowie die Jugendbürgschaft und die Steuerfreiheit für (nur von den Banken geleisteten) Sparprämien erhalten. Die hohen Zinssätze und Veränderungen der Zinsenstruktur machen aus der staatlichen Prämie "immer mehr einen Kostenvorteil für die Kreditunternehmen", der budgetpolitisch nicht gerechtfertigt ist, so die Begründung (I,30).

Die Maßnahmen der Jahre 1978 - 1980 bestätigen also die allgemeinen Förderungskürzungen des Jahres 1976 primär aus budgetpolitischen Erwägungen. Die Sparpolitik hat sich gegenüber dem früheren "Wachstumsmodell" geändert und läßt sich so resummieren: da die Verzinsung hoch ist und genug gespart wird, kann die Sparförderung zur Budgetentlastung allgemein gesenkt werden, wobei eine bestimmte "Gleichmäßigkeit" aus wettbewerbspolitischen Gründen angebracht ist.

*1981 - 1986*

Von den 4 Grundpfeilern der Sparförderung der fünziger Jahre bleiben also zu Beginn der achtziger Jahre nur mehr 2 übrig: die sozial- und wohnungspolitisch motivierten Versicherungs- und Bausparförderungen, die interessanterweise auch noch Erhöhungen erfahren.

Die Bausparkürzungen des Jahres 1979 werden 1981 wieder teilweise revidiert: Erhöhung der Prämie und Verlängerung der Bindung. Außerdem werden die Höchstbeträge erhöht und die Möglichkeit der Prämienfestlegung auf dem Verordnungswege eingeführt (I,31). Nach Änderungen 1981 erfolgt 1982 die bislang letzte Steigerung der Sonderausgabenhöchstbeträge bei Versicherungen, wobei mit Erhöhung bei den Versicherungsbeiträgen argumentiert wird. 1985 wird die freiwillige Weiterversicherung in der gesetzlichen Pensionsversicherung aus verfassungsrechtlichen Gründen als Sonderausgabe abzugsfähig (I,32.35.36).

Nach langer Zeit wieder innovativ und an einer spezielle Mittelverwendung interessiert wird die staatliche Sparförderung mit der Einführung des *Genußscheinsparens* durch das *Beteiligungsfondgesetz* 1982. Für den Erwerb von Genußscheinen wird erstmals seit dem EStG 1939 wieder eine Sonderausgabenregelung gewählt. Ausschüttungen aus begünstigten Genußscheinen und (bis zu einem Höchstbetrag) aus Kommandit-, stillen und Kapitalgesellschaftsbeteiligungen i.S. des Beteiligungsfondgesetzes sind einkommenssteuerfrei. Zudem wird ein Vermögenssteuerfreibetrag für Genußscheine gewährt. Ziel ist die Schaffung eines Risikokapitalmarktes, wodurch Eigenkapitalzuführungen besonders an Klein- und Mittelbetriebe erleichtert werden sollen (I,33;II,19).

Im gleichzeitig in Kraft tretenden Kapitalversicherungs-Förderungsgesetzes sollen steuerprämienbegünstigte Lebensversicherungsverträge ("*Salcher-Polizze*") zur Kapitalbildung beitragen, die für Darlehen zur Wohnhauserhaltung und Stadterneuerung zweckbetimmt ist. Diese Maßnahme steht im Zusammenhang mit einem Beschäftigungsprogramm zur Belebung der Baukonjunktur und soll primär untere und mittlere Einkommensschichten ansprechen (I,34).

Ähnlich wie der Erwerb von Genußscheinen wird 1985 die *Erstanschaffung von jungen Aktien* als Sonderausgabe abzugsfähig, wobei nunmehr für beide Anlagen ein gemeinsamer Höchstbetrag gilt. Die Steuerbefreiung für Dividenden ist aber im Gegensatz zu Genußscheinausschüttungen zeitlich begrenzt. Nach dem ausgesprochenen Erfolg des Beteiligungsfondgesetzes soll nun vermehrt Risikokapital den eigenkapitalschwachen Aktiengesellschaften zugeführt werden (I,38; II,22). Gleichzeitig wird die Abzugsfähigkeit der Genußscheine prozentuell eingeschränkt, was mit zu hohen Renditechancen relativ zu den Aktien begründet wird (I,37).

*1987*

1987 wird die Sparförderung im Zuge budgetärer Einsparungen der großen Koalition stark reduziert. Dabei sind außer den Sonderausgaben für Versicherungen alle drei weiteren noch bestehenden Erwerbsförderungen betroffen, während bei der Ertragsförderung keine Veränderungen vorgenommen werden. Der für geförderte *Aktien- und Genußscheinanschaffungen* gemeinsame Höchstbetrag wird um ein Viertel reduziert, die *Bausparprämie* wird beinahe halbiert und die Prämienförderung des *Kapitalversicherungssparens* wird gänzlich gestrichen. Insgesamt wird davon ein steuerliches Mehraufkommen von ca. 700 Mio Schilling 1987 und von knapp 2 Mrd öS ab 1988 erwartet (I,39.40.41).

### 2.2.3 Die Sparförderungsmaßnahmen im einzelnen

In diesem Abschnitt sind die einzelnen Sparförderungsmaßnahmen und deren Änderungen, getrennt für Erwerbs- und Ertragsförderungen, in chronologischer Reihenfolge aufgelistet. Bei partiellen Änderungen (z.B. Erhöhung des Höchstbetrages usw.) werden die nichtveränderten Bestimmungen nicht wiederholt. In der Titelzeile befindet sind in [] gesetzt der Hinweis auf die entsprechende vorhergehende Maßnahme. Kleinere Änderungen werden nicht angeführt. Angegebene Gesetzesparagraphen beziehen sich, sofern nicht anders angegeben, auf das jeweils geltende EStG.

Erklärung der Kürzel:

R: Rechtsgrundlage
SP: Angaben zu den Stenographischen Protokollen des Nationalrates (GP = Gesetzgebungsperiode, RV = Regierungsvorlage, IA = Initiativantrag, AB = Ausschußbericht, S = Sitzung des Nationalrates)
W: Datum (Jahr) des Inkrafttretens
F: Form der Förderung
V: begünstigte Verträge bzw. Anlagen
BK: Begünstigtenkreis
BD: Mindestbindungsdauer (Spardauer beim Prämiensparen)
LZ: Laufzeit der Förderung
HB: Höchstbetrag (maximal begünstigtes Sparkapital bzw. maximal abzugsfähiger Betrag bei Sonderausgaben) pro Jahr
FS: Förderungssatz
ZS: Zinssatz
PB: Pauschalbetrag pro Jahr
KE: geförderte Kapitalerträge
FB: Freibetrag (vor 1948: Freigrenze) pro Jahr
FK: steuerfreie Kapitalerträge (z.T. mit Höchstbetrag)
WK: weitere Förderungen
BM: Bemerkungen
Z: Zielsetzungen und Maßnahmenbegründungen in den Stenographischen Protokollen
KO: geschätzte Budgetkosten in den Stenographischen Protokollen

## I. Förderung des Erwerbs von Anlagen

*1. (1945) Bau-, Versicherungssparen, Sonderausgaben-Pauschbetrag: Wiedereinführung*

R: Gesetz vom 8.5.45, StGBl 12, mit dem das reichsdeutsche EStG 1939 vom 27.2.39, DtRGBl I, S 297 wiedereingesetzt wird; Pauschbetrag: §11 EStCV 1941 vom 7.12.41, DtRGBl I, S 751
SP: -
W: sofort
F: Sonderausgaben (§10 EStG 1939)
V1: Beiträge an Bausparkassen zur Erlangung von Baudarlehen (mit Verwendungsvoraussetzung)
V2: Beiträge und Versicherungsprämien zu Kranken-, Unfall-, Haftpflicht-, Angestellten-, Invaliden- und Erwerbslosenversicherungen, zu den Versicherungen auf den Lebens- oder Todesfall und zu den Witwen-, Waisen-, Versorgungs- und Sterbekassen
BM: nicht: Schadens- (z.B. Feuer-, Einbruchs-) Versicherungen
BK: unbeschränkt Steuerpflichtige, auch Beiträge für Ehefrau und Kinder abzugsfähig
BD: keine Bindungsdauer vorgeschrieben
HB: für beide Sparanlagen zusammen 500 S für Steuerpflichtige, 300 öS für Ehefrau 300, 400, 600, 800, 1000 öS für das 1., 2., 3. usw. Kind
PB: Pauschbetrag für bestimmte Sonderausgaben (Bauspar-, Versicherungsbeiträge, Schuldzinsen) von 200 öS
WK: Gewinnbeteiligungen aus Versicherungsverträgen nicht einkommenssteuerpflichtig
Z: -

*2. (1947) Sonderausgaben-Pauschbetrag: Erhöhung [1]*

R: EStGNov 1947 vom 3.7.47, BGBl 127
SP: GP V, keine RV, AB 429, S 58
PB: 400 öS statt 200 öS
Z: (AB) Milderung der Progression und einzelner Härten im EStG, Gleichstellung mit LSt

*3. (1948) Bau-, Versicherungssparen, Pauschbetrag: Erhöhung [1;2]*

R: BG vom 16.6.48, BGBl 127
SP: GP V, keine RV AB 642 S 83
W: ab 1948
HB: 700 öS (ab 1949 900 öS) statt 500 öS für Steuerpflichtige
PB: 750 öS statt 400 öS (ab 1.7.48)
Z: (AB) Gleichstellung mit Pauschbeträgen bei LSt

*4. (1949) Bau-, Versicherungssparen, Pauschbetrag: Erhöhung [3]*

R: StÄndG 1949 vom 19.5.49, BGBl 132
SP: GP V, RV 868, AB 889, S 111
W: ab 1948
HB: 1200 öS statt 900 öS für Steuerpflichtige, 600 öS statt 300 öS für Ehefrau
PB: 961 öS statt 750 öS (ab 1.7.49) für Arbeitnehmer
Z: (AB) Verzögerung der Steuerreform, Anpassung an geänderte Kaufkraftverhältnisse

*5. (1950) Bau-, Versicherungssparen: Erhöhung [4]*

R: StÄndG 1950 vom 31.3.50, BGBl 101
SP: GP VI, RV 119, Ab 1245, S 23
W: ab 1.7.1950
HB: 2000 öS statt 1200 öS für Steuerpflichtige
BM: Diese Änderung nicht in der RV
Z: -

*6. (1951) Bau-, Versicherungssparen: Erhöhung, Änderung [5]*
*Sonderausgaben-Pauschbetrag: Abschaffung [4]*

R: StÄndG 1951 vom 20.7.51, BGBl 181
SP: GP VI, RV 385, AB 416, S 61
W: ab 1.7.51
V: Beiträge zu Pflichtversicherungen in voller Höhe als Sonderausgaben abzugsfähig
HB: für Bauspar- und freiwillige Versicherungsverträge je 2500 öS statt zusammen (inkl. Pflichtversicherung) 2000 öS für Steuerpflichtige
Z: (RV) "außerordentliche Wichtigkeit, die der Förderung des Wohnbaus aus sozialen und wirtschaftlichen Gründen zukommt"
PB: Abschaffung der Pauschbeträge für Sonderausgaben
Z: (RV) da Pflichtversicherung voll absetzbar

*7. (1953) Konten-, Wertpapiersparen: Einführung*

R: SparbegünstigungsG vom 24.4.53, BGBl 51 EnergieanleiheG vom 24.4.53, BGBl 50
SP: GP VII, RV 11 bzw. 10, AB 19 bzw. 18, S 6
W: sofort
F: Steuerprämie
V1: Spareinlagen bei inländischen KU (bis Ende 1955) getätigt
V2: Österreichische festverzinsliche Wertpapiere bei inländischen KU (bis Ende 1955 gezeichnet und hinterlegt)
V3: Anleihen der Verbundgesellschaft bei inländischen KU (1953 gezeichnet und hinterlegt)
BK: Natürliche Personen (V2, V3 auch juristische Personen)
BD: 3 Jahre Sperrpflicht
LZ: Förderung nur bis 31.12.55 (V1, V2) bzw. 31.12.53 (V3)
HB: keine Beschränkung

FS: 15% des begünstigten Sparkapitals für Lohnsteuerpflichtige, 10% für Nichtlohnsteuerpflichtige
WF: begünstigtes Sparkapital vermögenssteuerfrei bis Ende 1957; alle österreichischen festverzinslichen Wertpapiere unter 4% vermögenssteuerfrei bis Ende 1957; keine einkommensteuerrechtliche Begünstigung der Erträge
BM: RV sieht einheitliche Prämie von 10% vor
Z: (AB 19) "Dem Sparer sollen (...) dafür, daß er auf sofortigen Konsum von Einkommensanteilen verzichtet und sie dem Geldmarkt für eine entsprechend lange Zeit zur Verfügung stellt, Steuervorteile geboten werden."
Förderung des Kapitalmarktes; "Mittel für eine Intensivierung der Investitionstätigkeit (...) beschaffen und damit die Beschäftigung (...) haben";
(AB 18) (...) Investitionstätigkeit, deren Förderung im Interessen der Arbeitslosigkeit eine der vordringlichsten Aufgaben ist, (kann) nicht allein durch budgetäre Mittel gesichert werden, da deren Rahmen begrenzt ist, (...)" Diese Anleihepolitik soll die Verwirklichung großer Projekte ("Ausbau der Wasserkräfte") ermöglichen.

*8. (1953) Neues EStG*

R: EStG 1953 vom 3.12.53, BGBl 1/1954
SP: GP VII, RV 175, AB 177, S 21
W: ab 1954
BM: allgemeine Steuertarifermäßigung
Z: (RV) "Die vorgeschlagene Tarifsenkung würde die Schaffung eines Kapitalmarktes erleichtern, den die Volkswirtschaft infolge des Versiegens der Marshallhilfe benötigt, um die gewaltigen noch durchzuführenden Investitionen finanzieren zu können. Ein Kapitalmarkt kann sich nur im Wege der Spartätigkeit bilden. Eine Spartätigkeit wird am einfachsten und wirksamsten durch die Ermäßigung der Einkommenssteuer gefördert."

*9. (1954) Bau-, Versicherungssparen: Erhöhung [6]*

R: VersicherungsförderungsG vom 6.8.54, BGBl 181
SP: GP VIII, RV 305, Ab 367, S 44
W: ab 1955
V: Einführung Zwanzigstelregelung bei einmaligen Versicherungsprämien
HB: für Bauspar- und Versicherungsverträge zusammen 7000 öS statt je 2500 öS für Steuerpflichtige, 1000 öS statt 600 öS für Ehefrau, 1000 öS statt 300 öS bis 1000 öS pro Kind
Z: (RV) "Die Lebensversicherung ist heute aus einem geordneten Wirtschaftsleben nicht hinwegzudenken. (...) Die Bedeutung der Lebensversicherung für die Gesamtheit und die Volkswirtschaft liegt nicht nur darin, daß sie die Vorsorge für die Zukunft aus persönlicher Initiative ermöglicht und hiedurch den Staat auf dem Gebiete der sozialen Fürsorge weitgehend entlastet; die Lebensversicherung ist darüber hinaus ein Instrument zur Bildung langfristig gebundenen Kapitals, das durch die Versicherungsgesellschaften der Volkswirtschaft dienstbar gemacht wird."
(AB) "Zur Bildung langfristig gebundenen Kapitals in größerem Ausmaß ist es notwendig, den Abschluß von Lebensversicherungen zu fördern. Durch den Ausbau des Lebensversicherungswesens wird die Eigenständigkeit des Einzelnen, die Vor-

sorge für die Zukunft und die Spartätigkeit gestärkt. Darüber hinaus wird damit der Volkswirtschaft Kapital dienstbar gemacht, das zu volkswirtschaftlich bedeutenden Unternehmungen verwendet werden soll."
(RV) Der den Bausparverträgen "zugrundeliegenden Spargedanke (ist) wesensverwandt mit dem Sparzweck bei Kapital- und Rentenversicherungen".

*10. (1957) Bausparen: Aufhebung Verwendungsvoraussetzung*
*Versicherungssparen: Erhöhung für Ältere [9]*

R: EStGNov 1957 vom 17.12.57, BGBl 283
SP: GP VIII, RV 319, AB 362, S 49
W: ab 1958
V1: Aufhebung der Verwendungsvoraussetzung beim Bausparen, dafür Einführung einer Mindestbindungsdauer
BD: 5 Jahre
V2: Lebensversicherungsverträge für Steuerpflichtige über 50 Jahre (bei Verträgen auf den Erlebensfall mindestens 5 Jahre Laufzeit)
HB: für V2 Aufstockung um weitere 7000 öS
Z: (RV) Ermöglichung von Versicherungsverträgen für Ältere, Entwertung ihrer früheren Ersparnisse
(Erl. d. BMfF. v. 15.1.1958, S 4600) "Dem den Bausparkassen zugrunde liegenden Gedanken Rechnung tragend, daβ die nach und nach anzusammelnden Bausparbeiträge jedes einzelnen Bausparers während der Ansparzeit der Darlehensgewährung an andere Bausparer dienen sollen, die bereits einen entsprechenden Prozentsatz der Bausparsumme angespart haben, sieht der Gesetzgeber von einer Nachversteuerung dieser Beträge ab, wenn seit Abschluβ des Bausparvertrages fünf Jahre abgelaufen sind und die angesparten Beträge dann zu anderen Zwecken als im Gesetz vorgesehen verwendet werden."

*11. Wertpapiersparen: Einführung [7]*

R: BG vom 10.7.58, BGBl 147
SP: GP VIII, RV 479, Ab 503, S 63
W: ab 1958
F: Steuerprämie (neuer §84a EStG 1953)
V1: Teilschuldverschreibungen inländischer Gebietskörperschaften, des Wohnhaus-Wiederaufbaufonds und inländischer Elektrizitätsversorgungsunternehmungen, bei inländischen KU erworben und hinterlegt
BK: Arbeitnehmer, Pensionisten
BD: Hinterlegung bis zur Tilgung
HB: Begünstigung nur bis zum Nennbetrag von 50000 öS
FS: Steuererstattung von 15% des Nennbetrages
WF: Zinsen aus geförderten Wertpapieren einkommenssteuerfrei (§20, (3) EStG 1953) (II,8)
BM: Unternehmer können die Anschaffungskosten obiger Wertpapiere bis zu 10% des steuerpflichtigen Gewinns als Betriebsausgaben absetzen (§4, (4), 5), Zinsen ebenfalls steuerfrei

Z: (RV) "Stärkung des Betriebskapitals der Betriebe und die gleichzeitige Erhöhung der Finanzkraft der Gebietskörperschaften";
"Die finanziellen Anstrengungen, die die Wirtschaft im Hinblick auf die kommende Automation und die Schaffung der europäischen Freihandelszone zu erbringen haben wird, läßt eine gewisse Beeinträchtigung der steuerlichen Leistungsfähigkeit der Betriebe erwarten. Dem soll unter anderem auch durch eine Begünstigung der nicht entnommenen Gewinne begegnet werden."
(AB) "Durch die steuerlichen Maßnahmen betreffen festverzinslicher Wertpapiere solen besonders langfristige und volkswirtschaftlich wichtige Investitionen begünstigt werden."

*12. (1962) Prämiensparen: Einführung [7]*

R: BG betreffend das Prämienkontensparen und die Jugendbürgschaft (PrämiensparförderungsG) vom 9.5.62, BGBl 143
SP: GP IX, IA 161/A, IA 164/A, AB 641, S 98
W: ab 1.7.1962
F: Sparprämie
V: Prämiensparvertrag auf Namen des Sparer mit KU, die mit Bund in Vertrag tritt
BK: natürliche Personen
BD: 5 Jahre keine Abhebung
HB: 12000 öS (laufende Einzahlung eines Betrages von mindestens 150 öS, höchstens 3000 öS pro Quartal)
ZS: Eckzinssatz (plus 0,5% ab dem 4. Jahr)
FS: Prämie in der Höhe der angelaufenen Zinsen nach 5 Jahren (50% von KU, 50% = Prämienzahlung des Bundes)
WF: Sparprämien einkommensteuerfrei (II,10)
BM: Bundesbürgschaft für Kredite an Sparer unter 35 Jahren nach Ablauf des Prämiensparens
Z: (IA 161/A der ÖVP betreffend die Schaffung eines JugendsparförderungsG mit Abweichungen: BK: nur Jugendliche zwischen 14 und 26 Jahren, HB: 60000 öS (maximal 1500 öS/Quartal), LZ: nur Verträge bis Ende 1965)
Forderung der Jugendverbände, "sozialpolitische Maßnahme zugunsten sozial schwächerer Bevölkerungsschichten", Förderung ihrer "sozialpädagogischen Arbeit", Anregung zu "zielstrebiger Spartätigkeit"; Forderung der Sparinstitute den Sparwillen zu heben und den "Konsumwillen der Bevölkerung einzudämmen"; Erschließung von Privatkapital für den Wohnbau und andere Zwecke "als sicherlich nicht unbedeutende Folgeerscheinung"
Z: (IA 164/A der SPÖ betreffend die Schaffung eines SparförderungsG mit Abweichungen: FS: 15% der Einzahlungen pro J, ZS: Eckzinssatz, BM: Vorschlag der "Koordinierung aller Sparförderungsmaßnahmen" mit einheitlicher Prämienregelung beim Wertpapiersparen für alle Steuerpflichtigen, einheitlicher Freibetragsregelung für Kapitalerträge und Kapitalvermögen im EStG und BewG, Zinsenzuschuß für Kredite zur Erleichterung der Hausstandsgründung)
"Öffentliche Kritik", daß keine Förderung des langfristigen Kontensparens sowie "keine ausreichende Befreiungsvorschriften für Sparguthaben und deren Ertragsmöglichkeiten" im EStG und BewG bestehen; geltende Wertpapiersparförderung bringt unsachliche Differenzierung zwischen Arbeitnehmern und Selbständigen, die

"über den budgetär vertretbaren Rahmen weit hinausgeht", sodaβ eine "bedeutende Einschränkung" der Steuerbegünstigung für Selbständige vorgeschlagen wird.

KO: (AB) Annahme: 30000 Prämiensparen, die zu je 1/3 50 öS, 500 öS und 1000 öS pro Monat einlegen. Dann sind nach 5 Jahren ca. 45 Mio öS an Prämien des Bundes fällig.

*13. (1966) Wertpapiersparen: Erhöhung, Erweiterung, Änderung [11]*

R: EStGNov 1966 vom 6.5.66, BGBl 155
SP: GP XI, RV 111, AB 147, S 18
W: ab 1968
F: Steuerprämie (Auslaufen der getrennten Wertpapiersparförderungen (§84a, §4,(4),5) bis Ende 1967, dafür neuer §104 EStG 1953 und 1967)
V: Ausweitung der Emittenten: auch Pfandbriefe und Kommunalschuldverschreibungen gefördert
BK: Arbeitnehmer und nichtbilanzierende Unternehmer
BD: 15 Jahre Mindestlaufzeitfrist; Hinterlegung von 15 Jahren oder (mindestens 7 Jahren) bis zur Tilgung
HB: Begünstigung bis zum Nennbetrag von 100000 öS statt 50000 öS
FS: Steuererstattung von 15% des Nennbetrages
WF: Zinsen der geförderten Wertpapiere steuerfrei (II,12)
BM: Einführung der Investitionsrücklage; Neuregelung der Steuerbegünstigung für nichtentnommenen Gewinne
Z: "Änderungen im Rahmen der Maβnahmen zur Förderung des Wirtschaftswachstums"; Gleichbehandlung von Unternehmern und Arbeitnehmern
"Der Regelung des §4,(4),5 des EStG wurde verschiedentlich der Vorwurf gemacht, daβ sie infolge der groβen Begünstigung eine zu weitgehende Orientierung auf die begünstigten Obligationen hervorrufe und die übrigen Wertpapiere (Pfandbriefe, Kommunalschuldverschreibungen, Aktien) wesentlich schlechter stelle. Es ist daher beabsichtigt, die Wertpapierbegünstigung von der Begünstigung des nichtentnommenen Gewinnes zu trennen."

*14. (1966) Bau-, Versicherungssparen: Erhöhung für Angehörige [10]*
*Sonderausgaben-Pauschbetrag: Einführung [6]*

R: 2. EStGNov 1966 vom 6.7.66, BGBl 161
SP: GP XI, IA 6/A, RV 112, AB 148, S 18
W: ab 1967
HB: für Bau- und Versicherungssparen zusammen 7000 öS statt 1000 öS für Ehegatten, 3000 öS statt 1000 öS pro Kind
PB: Wiedereinführung des Pauschbetrags für bestimmte Sonderausgaben (Bau- und Versicherungsveträge, Schuldzinsen, Renten, Wohnungsbeschaffungsaufwand) von 2028 öS
Z: (RV) "Damit werden die Ehegatten hinsichtlich des Sonderausgaben-Höchstbetrages gleichgestellt und gleichzeitig wird dem in der Verfassung verankerten Gleichheitsgrundsatz Rechnung getragen." Mit dem Pauschbetrag wird das "steuerfreie Existenzminimum angehoben um diesen Betrag", eine "Milderung der Progression

der ESt für den überwiegenden Teil der Steuerpflichtigen" und eine "Entlastung der Lohnsteuerstellen der Finanzämter" erreicht.
IA 6/A der SPÖ fordert außerdem 10000 öS statt 7000 öS als Sonderausgabenhöchstbetrag für Steuerpflichtige und als Zusatzbetrag für Ältere zur Milderung der Steuerprogression bei kleinen und mittleren Einkommen und zur Valorisierung von Absetzbeträgen, da die "erforderliche Korrektur des Tarifs" nicht vorgenommen wird.

*15. (1967) Sonderausgaben-Pauschbetrag: Erhöhung [4]*

R: EStG 1967 vom 1.7.67, BGBl 268
SP: GP XI, RV 545, AB 610, S 64
W: ab 1968
PB: 3276 öS statt 2028 öS
Z: (RV) Verwaltungsvereinfachung; Niedrigeinkommen ("in erster Linie Pensionisten und Rentner") zusätzlich entlastet, da diese i.d.R. nur geringfügige Sonderausgaben einrechnen.

*16. (1970) Versicherungssparen: Einführung Bindungsdauer [14]*

R: EStGNov 1970 vom 30.10.70, BGBl 370
SP: GP XII, RV 148, AB 239, S 20
W: ab 1971
BG: Nachversteuerung, wenn Ansprüche aus versicherungsvertrag innerhalb von 5 Jahren abgetreten, belehnt oder rückgekauft werden
Z: (RV) Vermeidung von Praktiken der Versicherungsunternehmen, womit Steuerpflichtige "ohne nennenswerten Einsatz eigenen Kapitals beträchtliche Steuerersparnisse erzielen, ohne daß dieser Ersparnis ein volkswirtschaftlicher Nutzen gegenübersteht" (Steuervorteile bis zu 38000 öS pro Jahr registriert)

*17. (EStG 1972) Versicherungssparen: Erhöhung, Verlängerung [16]*

R: EStG 1972 vom 24.11.72, BGBL 440
SP: GP XIII, RV 474, AB 547, S 51
W: ab 1973
F: Sonderausgaben (§18) nun ohne Bausparbeiträge (siehe I,18)
V: Neuformulierung: Beiträge und Versicherungsprämien zu einer freiwilligen Kranken-, Unfall- und Pensionsversicherung, zu einer Lebensversicherung (Kapital- oder Rentenversicherung) und zu freiwilligen Witwen-, Waisen-, Versorgungs- und Sterbekassen)
BM: Pflichtversicherungsbeiträge sind nun nicht mehr Sonderausgaben, sondern Betriebsausgaben oder Werbungskosten; Sachversicherungsbeiträge sind keine Sonderausgaben
BD: 10 Jahre statt 5 Jahre; bei Versicherungen auf den Erlebensfall müssen mindestens 10 Jahre zwischen Vertragsabschluß und Anfallen der Versicherungssumme liegen
HB: je 7000 öS für Steuerpflichtige und Ehegatten und 3000 öS pro Kind nur für Versicherungsverträge allein

PB: 2184 öS statt 3276 öS für bestimmte Sonderaushaben (Versicherungen, Renten, Wohnraumbeschaffungsaufwand)
Z: Verlängerung der Bindungsdauer, um zu verhindern, "daβ sich das Versicherungssparen auf Kosten des Bausparens ausweitet, weiters aber auch (um) zu hohe budgetäre Ausfälle hintanzuhalten"

*18. (1972) Bausparen: Änderung Förderungsform, Erhöhung, Verlängerung [17]*

R, SP, W: siehe I,17
F: Steuerprämie (§108) statt Sonderausgabe
BK: nur 1 Vertrag pro unbeschränkt Steuerpflichtigen
BG: 6 Jahre statt 5 Jahre
LZ: auf 6 Jahr befristete Laufzeit der Förderung
FS: Steuererstattung von 25% des Gesamtbetrages( = 1/3 der Einzahlung)
HB: Begünstigung bis zur Bemessungsgrundlage ( = Einzahlung + Erstattung) von je 7000 öS für Steuerpflichtigen und Ehegatten, 3000 öS pro Kind, unabhängig vom Höchstbetrag bei den Sonderausgaben
Z: (RV) Neuregelung des Bausparens ist "echte Verwaltungsvereinfachung"; die verkürzten Wartezeiten bei den Lohnsteuerstellen sind von Vorteil auch für die Steuerpflichtigen und die Wirtschaft
(AB) Minderheitenbericht der ÖVP fordert wahlweise Inanspruchnahme als Sonderausgabe (BD: 5 Jahre) oder als Steuerprämie: Durch Umstellung sind "bestimmte soziale Gruppen" benachteiligt, bezüglich der alten Verträge der "Vertrauensgrundsatz gröblich verletzt".

*19. (1972) Wertpapiersparen: Erweiterung auf Aktien, Begünstigtenkreis [13]*

R, SP, W: siehe I,17
F: Steuerprämie (§107)
BK: unbeschränkt Steuerpflichtige
BM: Erweiterung des Begünstigtenkreises nicht in der RV
V1: Teil-, Kommunalschuldverschreibungen und Pfandbriefe wie bisher (vgl. I,13)
V2: Aktien aus Kapitalerhöhungen von AG
BD: Hinterlegung von 15 Jahren oder (mindestens 7 Jahre) bis zur Tilgung für V1, von 10 Jahren für V2
HB: Förderung bis zum Sparbetrag von 100000 öS ( = Nennbetrag für V1 + Ausgabebetrag für V2)
FS: Steuererstattung von 15% des Sparbetrages
WF: Zinsen nur aus festverzinslichen Wertpapieren des §107 steuerfrei (jetzt als §3,31 EStG 1972)
Z: (RV) "Die Anschaffung bestimmter Aktien soll analog zur Zeichnung festverzinslicher Wertpapiere steuerlich gefördert werden. Damit soll die Zufuhr neuen Aktienkapitals an inländische Aktiengesellschaften zwecks Verbesserung der Ausstattung mit Eigenmitteln begünstigt werden."

*20. (1972) Prämiensparen: Erhöhung, Verkürzung, Änderungen [12]*

R: BG vom 16.12.72, BGBl 24/1973
SP: GP XIII, IA 42/A, IA 59/A, AB 596, S 58
W: ab 1973
BD: 4 Jahre statt 5 Jahre (= LZ der Förderung)
HB: 20000 öS (mindestens 150 öS, höchstens 5000 öS pro Quartal)
ZS: 6% über gesamte Laufzeit
PS: 7/12 der Zinsen (= 3,5% Prämie) bei jährlicher Fälligkeit, zu 100% vom Bund
WF: Erhöhung Jugendbürgschaft
BM: Sparprämien einkommenssteuerfrei (jetzt als §3,32 EStG 1972)
Z: (IA 42/A) der ÖVP mit Abweichungen: HB: 16000 öS (maximal 4000 öS/Quartal), ZS: 5 1/2%, WF: auch Zinsen steuerfrei)
(IA 59/A) der SPÖ und FPÖ: Bisher "unzureichende Attraktivität": "Besonders beim kleinen Sparer gewinnt das optische Moment der Prämiengutschrift bedeutend an Gewicht. Der dadurch erreichte sichtbare Erfolg wird vielfach den Willen zum Durchhalten des Sparvertrages wesentlich stärken, womit der Zielsetzung des Gesetzes entsprochen wird."
"Auch die anläßlich der ESt-Refom in Aussicht genommene Änderung der Begünstigung des Bausparens (...) läßt im Interesse der Erhaltung der Finanzierungskraft der Kreditunternehmungen und der Harmonisierung aller Sparförderungsmaßnahmen eine angemessene Verbesserung der Begünstigung des Kontensparens als zweckdienlich erscheinen."
"(...) echte Verbreiterung der aus öffentlichen Mitteln begünstigten Sparformen" soll wirksam werden. "Das Prämienkontensparen soll neben dem Bausparen in Anspruch genommen werden können und sich von diesem durch eine entsprechende Reduktion der Prämiensparzeit und durch eine niedrigere Gesamtrendite unterscheiden"
KO: 60 Mio öS für das Bundesbudget 1973

*21. (1974) Versicherungssparen, Pauschbetrag: Erhöhung [17]*

R: EStGNov 1974 vom 8.8.74, BGBl 469
SP: GP XIII, RV 1201, AB 1225, S 114
W: ab 1975
HB: je 10000 öS statt 7000 öS für Steuerpflichtige und Ehegatten, 5000 öS statt 3000 öS pro Kind
PB: 3276 öS statt 2184 öS
Z: (R) Versicherungssparen soll hinsichtlich der Sonderausgaben-Höchstbeträge den Aufwendungen für die Wohnraumbeschaffung angeglichen werden. Sonderausgaben-Pauschale erhöht wegen Geldwertänderung und zur Verwaltungsvereinfachung.
KO: aus Erhöhung Pauschbetrag: 0,9 Mrd öS
BM: (AB) Minderheitenbericht der ÖVP fordert: "Die Sparfreudigkeit soll durch höhere Staatszuschüsse zum Prämiensparen und durch Verkürzung der Bindungsfristen beim Bau-, Prämien- und Versicherungssparen gefördert werden" und damit "zur Kaufkraftabschöpfung beitragen". "Weiters ist die Vermögensbildung in Arbeitnehmerhand auch steuerlich zu begünstigen (...)."

*22. (1976) Prämiensparen: Kürzung, Verlängerung [20]*

R: BG vom 30.11.76, BGBl 664
SP: GP XIX, RV 329, AB 357, S 37
W: Kürzung ab 1977, Verlängerung ab 8.6.76
BD: 5 Jahre statt 4 Jahre (= Laufzeit der Förderung)
ZS: weitere 6%
FS: 1/3 der Zinsen (= 2% Prämie) vom Bund
WF: Erhöhung Jugendbürgschaft
Z: (RV) Aufgabe der Wirtschaftspolitik ist es, die Finanzierung öffentlicher und privater Investitionen zu ermöglichen. "Das Aufkommen der privaten Ersparnisse hat unvermindert angehalten, zumal es durch zahlreiche sparfördernde Maßnahmen nachhaltig unterstützt wird. Die generelle Umstellung aller längerfristigen Sparformen auf ein sozialgerechtes Prämiensystem" brachte die Sparneigung auf Rekordwerte.
"Die sparfördernden Maßnahmen haben sich in den Rezessionsperioden bestens bewährt und den hohen Einsatz von Budgetmitteln gerechtfertigt. (...) Dem sich nunmehr deutlich abzeichnenden allgemeinen Konjunkturaufschwung muß die Bundesregierung mit einer entsprechenden Konjunkturpolitik Rechnung tragen. Die neue Konjunkturlage rechtfertigt nicht mehr das außerordentlich hohe Maß der bisher vom Bund zu refundierenden Sparprämie."
Übergeordnete kredit- und währungspolitische, aber auch budgetäre Gründe erfordern eine "marktkonforme, wettbewerbsneutrale Revision". "Die (...) vorgesehene Reduzierung der staatlichen Prämie wird dabei bewußt an den Beginn des neuen konjunkturellen Aufschwunges gesetzt."
KO: (RV) bei gleichbleibender Zahl und Höhe der Einzahlungen: geschätzte Kosten für das Bundesbudget von 800 Mio öS (1977), 750 (1978), 690 (1979) 610 (1980), 460 (1981), 750 (ab 1982). D.h. ein Sinken bis 1981 wegen der Prämienkürzung, Anstieg ab 1982 wegen der verlängerten Laufzeit der Förderung.

*23. (1976) Bausparen: Kürzung, Förderung unbefristet [18]*

R, SP, W: siehe I,22
BD: 6 Jahre wie bisher
LZ: Förderung nun unbefristet statt 6 Jahre
FS: Steuerprämie von 17% statt 25% des Gesamtbetrages (= 20,48% statt 1/3 der Einzahlungen)
Z: allgemein siehe I,22
KO: keine Änderung, da Ausweitung der Bausparbeiträge erwartet

*24. (1976) Wertpapiersparen: Kürzung, Einschränkung [19]*

R, SP, W: siehe I,22
FS: Steuerprämie von 10% statt 15% des Sparbetrages
BD: Mittlere Laufzeit = (tilgungsfreie + GesamtLZ + 1)/2 von mindestens 8 Jahren bei festverzinslichen Wertpapieren statt 15 Jahren Mindestlaufzeit
V1: Ausschluß von Fremdwährungsanleihen

Z: allgemein siehe I,22
KO: keine Änderung, da Zunahme der Wertpapieranschaffung erwartet

*25. (1978) Wertpapiersparen: Kürzung, Freiberufler [24]*

R: EStGNov 1978 vom 7.11.1978, BGBl 571
SP: GP XIV, IA 112/A, AB 1061, S 106
W: ab 1979
FS: Steuerprämie von 5% statt 10% des Sparbetrages
BM: (neuer §9,(4)) Freiberuflern wird die bestimmungsgemäße Verwendung der Investitionsrücklage in bestimmtem Ausmaß durch die Anschaffung festverzinslicher Wertpapiere, deren Zinsen steuerpflichtig bleiben, ermöglicht.
Z: (IA 112/A der SPÖ) Kürzung: budgetäre Erwägungen. "Für Freiberufler bestehen zwar in überwiegender Zahl berufseigene Versorgungseinrichtungen, diese nehmen jedoch keine Mittel des Bundeshaushaltes in Anspruch. Deshalb (...) erscheint es gerechtfertigt, die Anpassung von Mitteln für eine angemessene Alters- und Berufsunfähigkeitsversorgung steuerlich zu berücksichtigen."

*26. (1979) Wertpapiersparen: Abschaffung Steuerprämie [25]*

R: EStGNov 1979 vom 18.12.79, BGBl 550
SP: GP XV, RV 113, AB 184, S.20
W: ab 7.9.79
FS: keine Steuerprämie statt 5% für den Erwerb von WP
WF: (neuer §27,(5) EStG 1972)) Zinsen aus inländischen festverzinslichen Wertpapieren bis zum Nennbetrag von 100000 öS steuerfrei (II,18)
BM: keine Förderung des Erwerbs und Ertrags (außer im Freibetrag) von Aktien mehr
Z: (RV) Neuregelung der sparfördernden Maßnahmen im Interesse der Budgetstabilisierung

*27. (1979) Bausparen: Kürzung, Verkürzung [23]*

R, SP, W: siehe I,26
BD: 5 Jahre statt 6 Jahre
FS: Steuerstattung von 10% statt 17% des Gesamtbetrages (= 11,11% statt 20,48% der Einzahlungen)
Z: (RV) allgemein siehe I,26; "Verbesserung" durch kürzere BD

*28. (1979) Versicherungssparen: Verländerung [21]*

R, SP, W: siehe I,26
V: Einführung Verpfändungs- und Vorauszahlungsverbot von 3 Jahren ab Vertragsabschluß
BD: 15 Jahre statt 10 Jahre für Sparer bis 45 Jahre, 10 Jahre für Sparer ab 50 Jahre, lineare Verkürzung dazwischen
Z: (RV) allgemein siehe I, 26; Verpfändungs- und Vorauszahlungsverbot zur Verhinderung von Steuerersparnis ohne nennenswerten Kapitaleinsatz

*29. (1979) Prämiensparen: Kürzung, Verkürzung [22]*

R: BG von 18.12.79, BGBl 520a
SP: GP XV, RV 105, AB 182, S 20
W: Verkürzung ab 7.9.79, Kürzung ab 1980
BD: 4 Jahre statt 5 Jahre (= Laufzeit der Förderung)
FS: 1/6 statt 1/3 der Zinsen (= 1% Prämie) vom Bund
Z: "Um breiten Kreisen der Bevölkerung eine entsprechende Realverzinsung der Ersparnisse zu ermöglichen - wobei diesem Apsekt bei hohen Inflationsraten besondere Bedeutung zukam - und den Übergang zu einer längerfristigen Anlage zu erleichtern, wurde 1962 (...) das Prämiensparen gesetzlich eingeführt."
Hohe Sparfähigkeit und Sparneigung ab 1970, besonders bei geförderten Sparformen bei hohen Leistungen des Bundes. Realverzinsung 1980 trotz niedrigerer Prämie höher als 1973. In "Zeit niedriger Inflationsraten und hoher Geldkapitalbildung" erfolgt Anpassung der Förderung. Einschränkung der Förderung auch beim Bau- und Wertpapiersparen. Zinsenstruktur (Verweis auf Habenzinsabkommen, KWG) soll erhalten bleiben (Ertrag zwischen gebundenen Spareinlagen und steuerbegünstigtem Bausparen bzw. Kapitalmarktsätzen).
KO: Senkung der Kosten für den Bund um 69% (Einsparung 1980 gering, erst 1985 voll wirksam)

*30. (1980) Prämiensparen: Abschaffung [29]*

R: BG vom 26.11.80, BGBl 552
SP: GP XV, RV 482, AB 514, S 52
W: ab 1981
FS: keine Prämie (statt 1%) des Bundes mehr
BM: Prämiensparen bleibt gesetzlich geregelt
WF: (§3,32) Steuerfreiheit für Prämien der KU bleibt wirksam; Jugendbürgschaft bleibt
Z: (RV) Aufwärtsentwicklung der Einlagezinsen, insbesondere nach Beendigung des Habenzinsabkommens; KU zahlen Prämien, die über den staatlichen liegen.
"Während es früher erst die staatliche Förderung beim Prämiensparen dem kleinen Sparer ermöglichte, deutlich über den Zisen anderer Spareinlagekategorien liegende Erträge zu erzielen, sind bei der heutigen Zinsensituation auch bei anderen nicht subventionierten Einlageformen ähnliche Ertragssätze wie beim Prämiensparen zu erzielen. Diese Entwicklung macht aus der staatlichen Prämie immer mehr einen Kostenvorteil für die Kreditunternehmungen, wodurch angesichts der derzeitigen Budgetlage und der Notwendigkeit zur Reduktion der Ausgaben des Bundes die wirtschaftspolitische Berechtigung für diese Förderungsmaßnahme nicht mehr gegeben ist."
KO: Einsparung von 600 Mio öS für 1981, danach kaum exakt quantifizierbar.

*31. (1981) Bausparen: Erhöhung, Verlängerung [27]*

R: AbgÄndG 1981 vom 15.12.81, BGBl 620
SP: GP XV, RV 850, AB 951, S 98
W: Verlängerung ab 1.7.81, Erhöhung ab 1982
BD: 6 Jahre statt 5 Jahre

FS: Steuererstattung von 13% statt 10% des Gesamtbetrages (= 14,94% statt 11,11% der Einzahlung)
HB: Bemessungsgrundlage (= Einzahlung + Erstattung) je 8000 öS statt 7000 öS für Steuerpflichtige und Ehegatten, 8000 öS statt 3000 öS pro Kind
BM: Finanzminister kann Prämiensatz bei Veränderung des Zinsniveaus innerhalb einer Bandbreite neu festsetzen
Z: (RV) "Die Bausparregelung soll wesentlich verbessert werden."
KO: keine Prognose möglich, da zukünftiges Verhalten der Bausparer nicht abschätzbar

*32. (1981) Versicherungssparen: Änderungen [28]*

R, SP: siehe I,31
W: ab 1982
V: Zehntel- statt Zwanzigstelregelung bei einmaligen Versicherungsprämien; Ausdehnung des Verpfändungs- und Vorauszahlungsverbotes von 3 Jahren auf 8 Jahre
Z: (RV) steuerlich wirksame Berücksichtigung der Einmalzahlung soll erreicht werden; Angleich des Verbotszeitraumes an die mittlere Laufzeit der Wertpapierförderung des §27,(5); dreijähriges Verbot bisher praktisch wirkungslos
KO: keine Abschätzung möglich

*33. (1982) Genußscheinsparen: Einführung*

R: BeteiligungsfondG vom 18.2.82, BGBl 111
SP: GP XV, IA 151/A, AB 985, S 105
W: ab 1.3.82
BM: gesetzliche Regelung von Beteiligungsfonds und Genußscheinen
F: Erwerb als Sonderausgaben (§18,(1),8 EStG 1971)
V: Genußscheine bei inländischen KU erworben und hinterlegt
BK: unbeschränkt Steuerpflichtige
BD: 10 Jahre Hinterlegung (Nachversteuerung zu 50% (i.G. zu Versicherungsverträgen: 25%))
HB: je 40000 öS für Steuerpflichtige und Ehegatten, 10000 öS pro Kind
WF: (§23b, §27,(6)) Ausschüttungen aus begünstigten Genußscheinen voll, Gewinnanteile aus Beteiligungen i.S. des BeteiligungsfondG bis zu 50000 öS einkommenssteuerfrei (II,20); Genußscheine bis zu 100000 öS vermögenssteuerfrei
Z: (AB 985) "Ziel dieses Bundesgesetzes ist die Schaffung und Festigung eines für Österreich völlig neuen Marktes, nämlich der Aufbringung neuen Risikokapitals. Den potentiellen Anlegern soll durch Zeichnung von Genußscheinen ein Weg von den bisher üblichen risikolosen Anlageformen aufgezeigt werden." Rückgang des Eigenkapitalanteils besonders bei Klein- und Mittelbetrieben festzustellen, neue Kapitalzuführung begünstigen; auch Sekundärmarkt wird gefördert

*34. (1982) Kapitalversicherungssparen: Einführung*

R: KapitalversicherungsförderungsG vom 31.3.82, BGBl 163
SP: GP XV, IA 152/A, AB 986, S 105
W: ab 1983
HB: je 11000 öS statt 10000 öS für Steuerpflichtige und Ehegatten 5500 öS statt 5000 pro Kind
Z: (RV) "Die Prämienerhöhung bei den freiwilligen Krankenversicherungen führen zu einer Einschränkung der Absetzbarkeit als Sonderausgabe."
KO: Steuerausfall (ohne Angabe der Höhe)

*36. (1985) Versicherungssparen: Änderung [35]*

R: BG vom 13.6.85, BGBl 251
SP: GP XVI, RV 569, AB 620, S 89
W: ab 1985
V: freiwillige Weiterversicherung in der gesetzlichen Pensionsversicherung nun unbegrenzt als Sonderausgabe absetzbar
Z: (RV) Schaffung eines verfassungskonformen Zustandes (Einmalbesteuerung von Renten)
KO: 200 Mio öS zusätzlich

*37. (1985) Genußscheinsparen: Einschränkung [33]*

R: AbgÄndG 1985 vom 20.12.85, BGBl 557
SP: GP XVI, RV 715, AB 761, S 110
W: ab 1986
FS: Genußscheine nur mehr zu 75% statt 100% als Sonderausgaben abzugsfähig
HB: nunmehr zusammen mit jungen Aktien (I, 38)
Z: (RV) BeteiligungsfondG 1982 hat Ziel erreicht: verstärkte Förderung von kleinen und mittleren Betrieben. Renditechancen relativ zu jungen Aktien aber zu hoch.

*38. (1985) Aktiensparen: Einführung [37]*

R, SP, W: siehe I,37
F: Erwerb als Sonderausgabe (§18,(1),8 wie Genußscheine)
V: Erstanschaffung junger Aktien (= Aktien, die bei Gründung oder ordentlicher Kapitalerhöhung ausgegeben werden) von inländischen AG, bei inländischen KU erworben und hinterlegt
BM: Unternehmensschwerpunkt: "industrielle Herstellung körperlicher Wirtschaftsgüter im Inland"
BK: unbeschränkt Steuerpflichtige
BD: 10 Jahre Hinterlegung (Nachversteuerung zu 50% =
HB: (zusammen mit Genußscheinen) je 40000 öS für Steuerpflichtige und Ehegatten, 10000 öS pro Kind
WF: (§27,(6)) Dividenden der begünstigten Aktien maximal 10 Jahre einkommenssteuerfrei (II,22)

Z: (RV) Frühere Aktiensparförderung (§107 EStG 1972) (1972-1979) in Form einer Steuerprämie ohne Erfolg, BeteiligungsfondG 1982 hingegen erfolgreich. Eigenkapitalmangel der AG als Problem. Förderung von Unternehmen mit niedrigem Eigenkapitalanteil und risikoreichen Investitionen bezweckt. "Die Aufbringung von Risikokapital soll durch eine steuerliche Förderung junger Aktien begünstigt werden."

*39. (1987) Genußscheinsparen, Aktiensparen: Kürzung [37,38]*

R: 2. AbgÄndG 1987 vom 2..7.87, BGBl 312
SP: GP XVII, RV 108, AB 216, S 26
W: ab 1.6.1987
HB: (Genußschein- und Aktiensparen zusammen) je 30000 öS statt 40000 öS für Steuerpflichtige und Ehegatten
BM: Sparförderungskürzungen nicht in RV
Z: (AB) Rückwirkendes Inkrafttreten zur Verhinderung von Vorziehkäufen, da "(...) der Zweck der Regelung damit unterlaufen wird."
KO: (AB) Mehraufkommen an Lohn- und Einkommenssteuer von ca. 100 Mio öS (1987), 250 Mio öS (ab 1988) erwartet

*40. (1987) Bausparen: Kürzung [31]*

R, SP: siehe I,39
W: 1.1.88 für Verträge vor 1.6.87,; 1.6.87 für Verträge danach
FS: Steuererstattung von 9% statt 13% des Gesamtbetrages( = 8,69% statt 14,94% der Einzahlung)
Z: (AB) "Die Absenkung auch für bestehende Verträge erscheint infolge der generell stark gesunkenen Renditen vergleichbarer Kapitalanlagen erforderlich; die Renditen des Bausparens liegen auch danach immer noch erheblich über jenen von Geldanlagen mit vergleichbarer Bindungsdauer."
KO: (AB) Für 1987 ist durch diese Maßnahme ein Mehraufkommen bei der Einkommens- und Lohnsteuer von etwa 300 Mio öS und ab dem Jahr 1988 (...) von etwa 1 Mrd öS jährlich zu erwarten."

*41. (1987) Kapitalversicherungssparen: Abschaffung [35]*

R, SP: siehe I, 39
W: Verträge ab 1.6.87
F: Steuerprämie abgeschafft
Z: (AB) "Die Förderung bereits bestehender Verträge wird unberührt bleiben, da diese Versicherungsform in keiner unmittelbaren Konkurrenz zu den abzusenkenden Instrumenten der Sparförderung steht."
KO: (AB) "Diese Art der Sparförderung verursacht im Jahre 1986 einen Einnahmeausfall von rund 518 Mio öS, wobei noch mit einem Belastungszuwachs zu rechnen gewesen wäre."

## II. Förderung des Ertrags

*1. (1945) Freigrenze: Wiedereinführung*

R: Gesetz vom 8.5.45, StGBl 12, mit dem das reichsdeutsche EStG 1939 vom 27.2.39, DtRGBl I, S. 297 wiedereingeführt wird
SP: -
W: sofort
F: Freigrenze (§46,(2) EStG 1939) für nichtabzugspflichtige Einkünfte
FB: 600 öS
KE: dazu gehören auch Einkünfte aus Kapitalvermögen, soweit sie nicht dem Steuerabzug vom Kapitalertrag unterliegen (z.B. Zinsen aus festverzinslichen Wertpapieren und Sparguthaben); kapitalertragssteuerpflichtig (§43 EStG 1939) sind im wesentlichen Gewinnanteile (Dividenden) aus Aktien und Anschaften und Einkünfte aus Beteiligungen an einem Handelsgewerbe als stiller Gesellschafter
BK: unbeschränkt Steuerpflichtige mit (tlw.) abzugspflichtigen Einkünften (Lohn-, Kapitalertragssteuer)
Z: -

*2. (1949) Freibetrag: Einführung, Erhöhung [1]*

R: StÄndG 1949 vom 19.5.49, BGBl 132
SP: GP V, RV 868, Ab 889, S 111
W: ab 1948
F: Freibetrag (§46,(2)) statt Freigrenze für nichtabzugspflichtige Einkünfte
FB: 1200 öS statt 600 öS
Z: (RV) Vermeidung von Härten bei Überschreiten der Freigrenze (AB) Verzögerung der Steuerreform, Anpassung an geänderte Kaufkraftverhältnisse

*3. (1950) Freibetrag: Erhöhung [2]*

R: St ÄndG 1950 vom 31.3.50, BGBl 101
SP: GP VI, RV 119, AB 124, S 23
W: ab 1949
FB: 2400 öS statt 1200 öS
Z: -

*4. (1951) Freibetrag: Erhöhung [3]*

R: StÄndG 1951 vom 20.7.51, BGBl 191
SP: GP VI, RV 385, AB 418, S 61
W: ab 1951
FB: 3000 öS statt 2400 öS
BM: Diese Erhöhung nicht in der RV
Z: -

*5. (EStG 1953) Freibetrag: Erweiterung der Kapitalerträge [1]*

R: EStG 1953 vom 3.12.53, BGBl 1/1954
SP: GP VII, RV 175, Ab 177, S 21
W: ab 1954
KE: Steuerabzugspflichtige Kapitalerträge nun zusätzlich Zinsen aus Wandelanleihen und Gewinnobligationen (§85 für alten §43);
Z: (RV) Anpassung an KAPStDVO §1,(1),3

*6. (1955) Freibetrag: Erhöhung [4]*

R: StÄndG 1955 vom 30.3.55, BGBl 59
SP: GP VII, RV 466, Ab 480, S 64
W: ab 1954
FB: 3600 öS statt 3000 öS

*7. (1957) Freibetrag: Erweiterung auf Dividenden, Trennung der Begünstigten [5]*

R: EStGNov 1957 vom 17.12.57, BGBl 283
SP: GP VIII, RV 319, Ab 362, S 49
W: ab 1958
BM: Getrennte Regelung für Arbeitnehmer und selbständig Erwerbstätige
BK: Freibetrag für Lohnsteuerpflichtige (§39)
FB: 3600 öS für nichtabzugspflichtige Einkünfte (wie bisher), zusätzlich 3600 öS für bestimmte kapitalertragssteuerpflichtige Einkünfte (Gewinnanteile aus Aktien und von Genossenschaften)
BK: Freibetrag für Nichtlohnsteuerpflichtige (§39a)
FB: 3600 öS (zusammen) für Zinsen festverzinslicher Wertpapiere und bestimmte kapitalertragssteuerpflichtige Einkünfte (Dividenden und Gewinnanteile von Genossenschaften) (nicht enthalten z.B.) Zinsen aus Sparguthaben)
Z: (RV) Verbesserung der steuerrechtlichen Stellung von Steuerpflichtigen mit Kapitaleinkommen; "Anreiz geben" ersparte Gelder in Aktien usw. anzulegen

*8. (1958) Wertpapiersparen: Zinsen steuerfrei*

R: BG vom 10.7.58, BGBl 147
SP: GP VIII, RV 479, Ab 503, S 63
W: ab 1959
F: Steuerbefreiung für bestimmte Kapitalerträge
FK: Zinsen aus gemäß §84a und §4,(4),5 geförderten (festverzinslichen) Wertpapieren sind, soweit sie auf die Zeit der Hinterlegung entfallen, steuerfrei (§20,(3) u.a.)
Z: siehe I,11

*9. (1960) Freibetrag: tlw. Erhöhung [6]*

R: EStGNov 1960 vom 15.12.50, BGBl 284
SP: GP IX, IA 114/A, AB 354, S 57
W: ab 1960

BK: Freibetrag für Lohnsteuerpflichtige, wenn einer der Ehegatten Einkünfte aus selbständiger Arbeit bezieht
FB: 5000 öS statt 3600 öS
Z: (IA) in Zusammenhang mit dem VGH-Spruch über Haushaltsbesteuerung: Neuregelung für Ehepaare, die gemeinsam veranlagt werden

*10. (1962) Prämiensparen: Sparprämie steuerfrei*

R: PrämiensparförderungsG vom 9.5.62, BGBl 143
SP: GP IX, IA 161/A, IA 164/A, Ab 641, S 98
W: ab 1.7.62
F: Steuerbefreiung für bestimmte Kapitalerträge
FK: Sparprämien (vom Bund und KU) i.S. dieses Gesetzes einkommenssteuerfrei
BM: (IA 164/A der SPÖ sieht bei Neuregelung und Koordinierung der Sparförderungsmaßnahmen vor: generelle Steuerfreiheit für Erträge aus Ersparnissen (inkl. Sparkonten) bis zum Betrag von 2600 öS (§20); Abschaffung Freibetrag für Aktien usw. (§93,(4), §93a); nicht beschlossen)
Z: siehe I,12

*11. (1962) Freibetrag: tlw. Erhöhung [9]*

R: EStGNov 1962 vom 27.6.62, BGBl 167
SP: GP IX, IA 182/A, AB 717, S 101
W: ab 1962
BM: Gleichstellung aller Lohnsteuerpflichtigen
FB: 5000 öS statt 3600 öS für nichtabzugspflichtige Einkünfte einheitlich für alle Arbeitnehmer
Z: (IA) "zur Besserstellung des alleinverdienenden Familienerhalters

*12. (1966) Wertpapiersparen: Erweiterung Emittenten [8]*

R: EStGNov 1966 vom 6.7.66, BGBl 155
SP: GP XI, RV 111, AB 147, S 18
W: Steuerbefreiung für Zinsen aus geförderten Wertpapieren inklusive Pfandbriefen und Kommunalschuldverschreibungen, soweit sie auf die Zeit der Hinterlegung fallen (§104,(9))
Z: siehe I,13

*13. (1970) Freibetrag: tlw. Erhöhung [11]*

R: EStGNov 1970 vom 30.10.70 BGBl 370
SP: GP XII, RV 148, Ab 239, S 20
W: ab 1971
FB: 7000 öS statt 5000 öS für nichtabzugspflichtige Einkünfte der Lohnsteuerpflichtigen
Z: (RV) Steuerprogression in unteren und mittleren Stufen mildern; verschiedene Freibeträge valorisieren

*14. (EStG 1972) Freibetrag: tlw. Erhöhung [13]*

R: EStG 1972 vom 24.11.72, BGBl 440
SP: GP XIII, RV 474, AB 547, S 51
W: ab 1973
BM: Neugestaltung des EStG: §41, §40, §27, §93 ersetzen alten §93, §93a, §20, §85
FB: 5000 öS statt 3600 öS für abzugspflichtige Einkünfte der Lohnsteuerpflichtigen (§41); 5000 öS statt 3600 öS für Wertpapierzinsen, Dividenden und Gewinnanteilen von Genossenschaften der Nichtlohnsteuerpflichtigen (§40)
Z:

*15. (EStG 1972) Zinsen aus Sparguthaben: Freibetrag*

R. SP, W: siehe II,14
F: Steuerbefreiung für bestimmte Kapitalerträge
FK: (neuer §27,(4)) Zinsen aus Bausparkonten) steuerfrei bis zum Höchstbetrag von 5000 öS
BM: §3,32 übernimmt Steuerbefreiung der Sparprämien (II,10) ins EStG; §3,31 übernimmt Steuerbefreiung der Zinsen der begünstigten Wertpapiere (II,8.12) ins EStG; aber: Dividenden aus gemäß §107 begünstigten Aktien nicht steuerfrei
Z: (RV) "Rechtstransparenz"

*16. (1974) Freibetrag: Erhöhung [14]*
*Zinsen aus Sparguthaben: Erhöhung Freibetrag [15]*

R: EStGNov 1974 vom 12.7.74, BGBl 469
SP: GP XIII, RV 1201, Ab 1225, S 114
W: ab 1975
FB: 10000 öS statt 7000 öS für nichtabzugspflichtige, 7000 öS statt 5000 öS für abzugspflichtige Einkünfte in §41,(3); 7000 öS statt 5000 öS in §40;
FK: 7000 öS statt 5000 öS Freibetrag für Zinsen aus Sparguthaben (§27,(4))
Z: (RV) zu §40, §41,(3): "Valorisierungen"
zu §27,(4): "Diese Bestimmung trägt der Anhebung des Nominalzinssatzes für Spareinlagen Rechnung."

*17. (1977) Freibetrag: Einschränkung [16]*

R: 1.AbgÄndG 1977 vom 2.6.77, BGBl 320
SP: GP XIV, RV 485, AB 541, S 58
W: ab 1977
FB: Freibetrag für Nichtlohnsteuerpflichtige (§40) steht nicht mehr für Zinsen aus festverzinslichen Wertpapieren zu
Z: (RV) "Gründe der Vereinheitlichung" mit dem FB in §41,(3), letzter Satz; Förderung nur für bestimmte abzugspflichtige Erträge aus Kapitalvermögen

*18. (1979) Wertpapierzinsen: Steuerbefreiung [12]*

R: EStGNov 1979 vom 18.12.79, BGBl 550
SP: GP XV, RV 113, AB 184, S 20
W: ab 7.9.79
F: Steuerbefreiung für bestimmte Kapitalerträge
FK: Zinsen aus auf Inhaber lautenden, inländischen Teil-, Kommunalschuldverschreibungen, Pfandbriefen, bei inlländischen KU erworben, mittlere Laufzeit mindestens 8 Jahre, in Schillingwährung begeben (neuer §27,(5))
LZ: über gesamte Laufzeit einkommenssteuerfrei
HB: nur für Wertpapiere bis zum Nennbetrag von 100000 öS
BM: gleichzeitige Abschaffung der Steuerprämie beim Wertpapiererwerb (I,26); Steuerfreiheit der Zinsen nach §3,31 gilt nur für geförderte Wertpapiere (Erwerb vor 7.9.79)
Z: siehe I,26

*19. (1980) Freibetrag: Erweiterung [17]*

R: AbgÄndG 1980 vom 26.11.80, BGBl 563
SP: GP XV, RV 457, Ab 517, S 52
KE: Freibetrag für bestimmte kapitalertragssteuerpflichtige Einkünfte nun zusätzlich Zinsen aus Wandel- un Gewinnschuldverschreibungen (§40, §41,(3), §93,(1),1)

*20. (1982) Ausschüttungen aus Genußscheinen und stillen Beteiligungen: Steuerbefreiung*

R: BeteiligungsfondG vom 18.2.82, BGBl 111
SP: GP XV, IA 151/A, AB 985, S 105
W: ab 1.3.82
F: Stuerbefreiung für bestimmte Kapitalerträge
FK: a) Ausschüttung aus begünstigten Genußscheinen (§18,(1),8) für die Zeit der Hinterlegung bei inländischen KU (neuer §27,(6));
b) Gewinnanteile von stillen Gesellschaftern bzw. Gesellschaftern einer Kapitalgesellschaft (§27,(6) und Gewinnanteile auf Grund einer treugeberischen, direkten Beteiligung i.S. des BeteiligungsfondG (Mindestbindung von 10 Jahren) (§23b) sind zusammen bis zum Höchstbetrag von 50000 öS steuerfrei
LZ: auch über BD von 10 Jahren hinaus
BM: Ausschüttungen, die nach §27,(6) steuerfrei sind, sind nicht kapitalertragssteuerpflichtig (§94,3)
Z: siehe I,33

*21. (1983) Zinsen aus Sparguthaben: Erhöhung Freibetrag [16]*

R: AbgÄndG 1983 vom 29.11.83, BGBl 587
SP: GP XVI, RV 60, Ab 90, S 14
W: ab 1984
FB: 10000 öS statt 7000 öS für Zinsen aus Sparguthaben (§27,(4))
Z: (AB) "In Zusammenhang mit der geplanten Einführung einer Zinsertragssteuer soll der (...) Freibetrag für Zinsen aus Spareinlagen (...) erhöht werden."

*22. (1985) Dividenden aus jungen Aktien: Steuerbefreiung [20]*

R: AbgÄndG 1985 vom 20.12.85, BGBl 557
SP: GP XVI, RV 715, AB 761, S 110
W: ab 1986
F: Steuerbefreiung für bestimmte Kapitalerträge
FK: Gewinnanteile auf Grund offener Ausschüttungen aus begünstigten (§18,(1),8) junge Aktien (§27,(6),2)
LZ: Steuerbefreiung für die Zeit der Hinterlegung, aber längstens 10 Jahre
BM: nicht kapitalertragssteuerpflichtig (§94,3)
Z: siehe I,38

*23. (1986) Freibetrag: Erweiterung [19]*

R: KreditwesenG vom 27.6.87, BGBl 325
SP: GP XVI, RV 934, Ab 980, S. 143
W: ab 1986
FB: Freibetrag für bestimmte kapitalertragsteuerpflichtige Einkünfte nun zusätzlich Gewinnanteile und Zinsen aus Genußrechten und aus Partizipationskapital i.S. des KWG (§40, §41,(3), §93(1),1)
BM: Zinsen aus Ergänzungskapital i.S. des KWG nicht kapitalertragssteuerpflichtig
Z: (RV) Partizipations-und Ergänzungskapital i.S. des KWG sollen in die ESt-rechtliche Systematik eingebaut werden.

## *2.3. Zielsetzungen der Sparförderung*[8]

### 2.3.1 Sparpolitische Zielsetzungen

Die sparpolitischen Zielsetzungen der österreichischen Sparförderungsmaßnahmen werden nach folgendem Schema erfaßt und kommentiert: zunächst die Beeinflussung des *Niveaus* des Sparens oder des privaten Sparens der Haushalte i.S. der VGR (Stromgrößen) sowie der entsprechenden Sparquoten (durchschnittliche Sparneigung); (siehe auch 3.1.1) dann die Beeinflussung der *Struktur* der Sparanlagen bzw. Finanzanlagen (Bestandsgrößen), wobei der Reihe nach die Förderung spezieller Anlagen, deren Fristigkeit, Risikograd und Ertrag sowie die betroffenen Finanzintermediäre analysiert werden. (Siehe auch 3.1.2-6)

#### 2.3.1.1 Sparvolumen, Sparquote, privates Sparen

Erhöhung des volkswirtschaftlichen (privaten) Sparens, der Sparquote sowie längere Geldkapitalbildungen sind primäre Zielsetzungen der ersten Welle von Sparförderungsmaßnahmen in den fünfziger und frühen sechziger Jahren (I,7.8.9.11.12). Die damit bezweckte Kapitalmarktbildung und Investitionserhöhung sind die Voraussetzungen für Wachstum, Beschäftigung und die Errrichtung von Großprojekten: dies ist das grundlegende "Modell" des Gesetzgebers im Österreich der Aufbauzeit. Dabei nimmt die klassische "adding-on"-Hypothese, die eine positive Abhängigkeit des Sparvolumens von der Sparförderung über die Erhöhung der Renditen sieht, eine zentrale Stellung ein.[9]

Da an den Grundpfeilern der Sparförderung dann bis Ende der siebziger Jahre nicht gerüttelt wird, kann man die Beibehaltung dieser Hypothese unterstellen, wenn auch die diversen Erhöhungen und Erweiterungen der Zeit von 1962 bis 1974 nicht mehr "klassisch" sparpolitisch, sondern "wohlfahrtsstaatlichen" Zielsetzungen dienen sollen. Nach der Rezession 1975 wird "Sparen" konjunkturpolitisch falsch problematisiert und die Förderungseinschränkungen budgetpolitisch motiviert (I, 22.29). Eine "negative" "adding-on"-Hypothese ist noch 1979 auszumachen, als die Sparneigung und die Geldkapitalbildung als hoch genug eingeschätzt werden, sodaß Kürzungen sparpolitisch unbedenklich erscheinen.

---

8) Zur politischen und ökonomischen Diskussion der Sparförderung in Österreich siehe auch Dorn, 1979; Greisinger, 1977; Holzmann/Winckler, 1983; WIFO, 1962 und Kitzmantel, 1986

9) Zur Diskussion des "adding on" siehe Genser, 1981, Holzmann/Winckler, 1983

Das verfügbare Einkommen wird nur 1953 als wachstumspolitisch "förderungswürdig" erachtet, wie die folgenden für die österreichische Sparförderung untypischen Sätze zeigen: "Ein Kapitalmarkt kann sich nur im Weg der Spartätigkeit bilden. Eine Spartätigkeit wird am einfachsten und wirksamten durch die Ermäßigung der Einkommenssteuer gefördert."(I,8)

### 2.3.1.2 Förderung spezieller Anlagen

Selbst in Zeiten eigentlicher, "klassischer" Sparpolitik (fünfziger Jahre) wird Sparförderung als Begünstigung des Erwerbs nur einer Teilmenge von Finanzanlagen realisiert (bestimmte freiwillige Versicherungsverträge, Bausparverträge, Sparanlagen mit bestimmter Bindungsfrist und bestimmte festverzinsliche Wertpapiere).

Substitutionseffekte einzelner Maßnahmen in den Portefeuilles treten in den sechziger und siebziger Jahren stärker in die Diskussion, was z.B. zu Erweiterungen der geförderten Wertpapiere 1966 und 1972 (auf Aktien) führt (I,13.19).

Nachdem die verschiedentlich angestrebten "Harmonisierungen" und "Systematisierungen" an Interessensgegensätzen, besonders der Finanzintermediäre, gescheitert sind (I,12.20), bleiben im Zuge der Kürzungen 1976-1980 nur mehr das Bau- und Versicherungssparen übrig.[10]

Starke Umschichtungseffekte werden dann in den achtziger Jahren mit der Förderung von risikoreichen Eigenkapitalanlagen und der Aufbringung von Kapital für Wohnungserhaltung und Stadterneuerung forciert (I,33.34.38).

Die Freibetragsregelungen für Kapitalerträge und deren Änderungen werden vom Gesetzgeber i.d.R. nicht als "Sparförderungsmaßnahme" betrachtet, mit einer wichtigen Ausnahme, als 1957 die ursprüngliche Diskriminierung von Beteiligungswerten gegenüber Forderungswerten im Freibetrag eliminiert wird, mit dem erklärten Ziel, Anreize für Aktienkäufe zu geben (II,7).

---

10) Vgl. Greisinger, 1977, S. 206 ff.

Bei den Steuerbefreiungen für bestimmte Kapitalerträge ergibt sich ein differenziertes Bild. Gewinnbeteiligungen aus Versicherungsverträgen und (nichtspekulative) Kapitalgewinne sind schon ab dem EStG 1939 nicht einkommenssteuerpflichtig; dasselbe gilt für alle Prämien in der Form der Steuererstattung. Erträge aus erwerbsbegünstigten Anlagen sind ab 1958 i.d.R. einkommenssteuerfrei (II.8.10.12.20.22), wobei die jeweiligen Zielsetzungen für die Erwerbsförderung gelten. Eine Ausnahme bilden Dividenden geförderter Aktien 1972 - 1979 (I,19).

Daneben werden ab 1972 auch Erträge nichterwerbsgeförderter Anlagen begrenzt steuerfrei; Zinsen aus Sparguthaben (II,15.16.21), aus festverzinslichen Wertpapieren (II,18) und Gewinnbeteiligungen i.S. des BeteiligungsfondG (II,20).

#### 2.3.1.3 Fristigkeit

Die Verlängerung der Kapitalbindung ist erklärtes Ziel der Sparförderungsmaßnahmen der fünziger Jahre im Rahmen des "Modells", das in 3.1.1 beschrieben wird (I,7.8.9.11.12). Dies wird immer auch als Umschichtung von kurzfristigen zu längerfristigen, vertraglich gebundenen Anlagen verstanden. Die diversen Verlängerungen von Bindungsfristen ab 1970 werden mit Verhinderung der Steuerumgehung und mit Budgeteinsparungen begründet (I,16.17.28).

#### 2.3.1.4 Risikograd

Die Differenzierung nach dem Risikograd der Anlagen wird erst in den achtziger Jahren zum (gleichen zentralen) Inhalt der staatlichen Sparförderung, und zwar durch die Begünstigung des Erwerbs und Ertrags risikoreicher Unternehmensbeteiligungen (I,33.38; II,20.22). In den vorhergehenden vier Jahrzehnten ist die Sparförderung stark auf (risikoschwache) Fremdkapitalanlagen orientiert. Die Einbeziehung von Dividenden in den Freibetrag für Kapitalerträge 1957 und die Erweiterung der Wertpapiersparförderung auf Aktien 1972 stellen jeweils nur eine Gleichstellung mit Forderungswerten dar, mit dem Ziel höherer Aktienkapitalaufbringung (II,7;I,19).

#### 2.3.1.5 Ertrag

Die Erhöhung der Anlagenverzinsung durch die Sparförderung soll in den fünfziger Jahren erklärtermaßen Sparvolumenseffekte bewirken (siehe 3.1.1). Portefeuilleumschichtungen als Auswirkungen von Eingriffen unterliegen i.d.R. nicht expliziten Zielsetzungen, eine Ausnahme bildet dabei die Risikokapitalförderung der achtziger Jahre. Vor allem in den siebziger Jahren werden "harmonische" Eingriffe (v.a. Kürzungen) zur Erhaltung bestimmter Zinsstrukturen vorgenommen und kommentiert. Ansonsten sind Einzelmaßnahmen mit entsprechenden Renditesprüngen die Regel, sodaß in der Folge öfters ein "Nachziehen" anderer Förderungsmaßnahmen als Grund von Gesetzesänderungen vorliegt (vgl. auch Kap. 3.2.4).

#### 2.3.1.6 Finanzintermediäre

Charakteristisch für die österreichische Sparförderung ist die Betonung der indirekten Beziehung zwischen Sparer und Investoren, denen unterschiedliche Finanzintermediäre zwischengeschaltet sind: Versicherungen, Bausparkassen, Sparkassen beim Kontensparen, Banken beim Konten-, Wertpapier-, Aktien-, Genußscheinsparen (Konten, Emissionen, Erwerb und/oder Hinterlegung).

### 2.3.2 Wirtschaftspolitische Zielsetzungen

#### 2.3.2.1 Wachstumspolitik

Generelle wachstumspolitische Zielsetzungen i.S. der Förderung der Investitionstätigkeit durch Erhöhung des Sparvolumens und der längerfristigen Mittelbindung liegen als zentrale Anliegen den Sparförderungsmaßnahmen der fünfziger Jahre, und dann noch den Wachstumsförderungsmaßnahmen 1966 zugrunde (I,7.8.9.11.13).

#### 2.3.2.2 Strukturpolitik

Spezielle mit der Sparförderung verbundene strukturpolitische Vorstellung treten primär in den stärker angebotsorientierten Fünzigern (Wohnbau, Schaffung von Großprojekten, Ausbau der Wasserkräfte, Umstellung durch Automation) in den Vordergrund (I,6.7.9. 11.12). Danach wird erst in den Achtzigern eine strukturerneuernde Mittelverwendung i.S der Aufbringung von Risikokapital forciert (I,33.28;II,20), weiters eine Kapitalaufbringung zur Wohnhauserhaltung und Stadterneuerung gefördert (I,34).

### 2.3.2.3 Beschäftigungspolitik

Beschäftigungshebung ist im Zusammenhang mit dem Wachstumsziel 1953 (I,7) und in Zusammenhang mit Baukonjunkturmaßnahmen 1982 (I,34) als Ziel genannt.

### 2.3.2.4 Wettbewerbspolitik

Eine Kapitalmarktbildung wird in den fünfziger Jahren als wesentliche Voraussetzung des wirtschaftlichen Aufbaus gesehen (I,7.8.9.11.12).

Die schon früh sehr breit gefächerte Sparförderung beeinflußt natürlich den Wettbewerb zwischen Anlagen am Geld- und Kapitalmarkt. Einzelmaßnahmen, wie Veränderungen der Förderungssätze oder Bindungsfristen, die sich vor allem in den sechziger und siebziger Jahren häufen, führen zu Wettbewerbsveränderungen und lösen weitere Eingriffsforderungen ("Nachziehen", "Gleichstellungen", "Anpassungen" usw.) von Anlegern, Schuldnern und Finanzintermediären aus (z.B. 1966 zwischen verschiedenen Obligationen (I,13), 1972 zwischen Bau-, Versicherungs- und Prämiensparen (I,17.18.20) und zwischen Aktien und festverzinslichen Papieren (I,19) usw.). 1972 wird eine "Harmonisierung aller Sparförderungsmaßnahmen" angestrebt (I,18.18.19.20), die allgemeinen Kürzungen des Jahres 1976 wollen "wettbewerbsneutral" und "marktkonform" sein (I, 22.23.24).

Während 1972 noch die "Erhaltung der Finanzierungskraft" der Banken ein Ziel erhöhter Prämiensparförderung ist, ist deren Abschaffung 1980 auch eine Abschaffung der "Kostenvorteile der Banken" bei der "heutigen Zinsensituation" (I,20.30).

Der Gesetzgeber scheint sich wettbewerbspolitischer Implikationen der Sparförderung auf den Finanzmärkten zeitweise bewußt zu sein, was sich in laufenden partiellen Korrekturen und im Bestreben nach koordinierten Eingriffen zeigt. Wettbewerbspolitik war aber nie ein prioritäres Ziel der Sparförderung.

### 2.3.2.5 Konjunkturpolitik

Einzig bei der Kürzung der Sparförderung 1976 wird "bewußt", ausgedehnt und offentsichtlich verkehrt (prozyklisch) konjunkturpolitisch argumentiert (I,22).

### 2.3.2.6 Budgetpolitik

Wenn auch vereinzelt von der Entlastung des Staates (bei der Altersvorsorge (I,9)) und von einer vertretbaren Budgetbelastung (I,12.17) gesprochen wird, so tritt erst nach der Rezession 1975 (bis 1980) die Senkung der Budgetkosten als (wichtigster) Grund für die Förderungskürzungen auf (I,22-30).

Zwischen 1981 und 1985 wird mit der Einführung der Genußschein- und Aktienerwerbsförderung und des Kapitalversicherungssparens eine höhere Budgetbelastung aus wirtschaftspolitischen Gründen zugelassen. 1987 ist im Zuge der Einsparungsmaßnahmen der großen Koalition eine starke Erhöhung des Steueraufkommens von primärem Interesse (I,39.40.41).

Die Erleichterung der Finanzierung der Gebietskörperschaften wird bei der Einführung der Wertpapiersparförderung 1958 nicht verschwiegen (I,11).

### 2.3.2.7 Zinspolitik

Zinspolitisch motivierte Eingriffe erfolgen in den siebziger Jahren beim Prämien- und Bausparen insofern, als bei Förderungsveränderungen Rücksicht auf den Erhalt einer bestimmten Zinsenstruktur genommen wird (I,20.22.29.30) (vgl. auch Kap. 2.3.2.4).

### 2.3.2.8 Außenwirtschaftspolitik

Monetäre außenwirtschaftliche Ziele kommen, außer als unklare "übergeordnete währungs- und kreditpolitische (...) Gründe" der allgemeinen Kürzungen 1976 (I,22.23.24), nicht vor, reale werden bei der Einführung der Wertpapierförderung 1958 in Hinblick auf die Schaffung der EFTA angedeutet, (I,11) obwohl mögliche Effekte auf die Leistungsbilanz diskutiert werden.[11]

---

11) Siehe z.B. bei Dorn, 1979, S. 109; Holzmann/Winckler, 1983, S. 196 f.

### 2.3.2.9 Verteilungspolitik

Inflationsbedingte "Progressionsverschärfungen" sind die Begründungen einer Reihe von "Anpassungen" von Höchst- und Pauschbeträgen bei den Sonderausgaben von Freibeträgen im EStG im ersten Nachkriegsjahrzehnt (I,2.4;II,2.6) und vereinzelt auch später (I,14.15.21; II,9.11.13.16), wobei manchmal auch auf die Vorteile für untere und mittlere Einkommensstufen oder für bestimmte soziale Gruppen (Rentner, Familien, Arbeitnehmer) hingewiesen wird.

1962 möchte die SPÖ das Wertpapiersparen zuungunsten der Unternehmer verändern, (I,12) während 1972 die ÖVP durch die Umstellung der Bausparförderung bestimmte soziale Gruppen benachteiligt sieht (I,18).

Mit der Verbesserung der Prämiensparförderung 1972 ist "eine echte Verbreiterung der aus öffentlichen Mitteln begünstigten Sparformen" beabsichtigt (I,20). Noch 1976 wird das Prämiensparen als "sozialgerechtes" System bezeichnet, und gleichzeitig gekürzt (I,22).

Das Kapitalversicherungsförderungsgesetz 1982 hat als Zielgruppe untere und mittelere Einkommensschichten (I,34), das Beteiligungsfondgesetz hingegen Klein- und Mittelbetriebe (I,33).

Generell läßt sich sagen, daß außer beim Prämiensparen, das auch als kompensatorische Maßnahme für die Kleinsparer zu sehen ist, keine grundlegenden verteilungspolitischen Zielsetzungen vorliegen, wenn auch implizit Verteilungswirkungen beabsichtigt sein mögen und manchmal im parlamentarischen Wettstreit auch durchklingen (dies vor allem in Zeiten ohne große Koalition).

### 2.3.2.10 Sozialpolitik und soziale Stabilisierungspolitik

Die frühen fünfziger Jahre zeichnen sich auch durch klare sozialpolitische Vorstellungen aus. Wohnungspolitische Zielsetzungen liegen dem Bausparen und der mit dem Prämiensparen verbundenen Jugendbürgschaft zugrunde (I,6.9.12). Der Stärkung der längerfristigen Eigenvorsorge soll das Versicherungssparen dienen (I,9). Danach werden bestimmte soziale Gruppen explizit gefördert, so z.B. die Älteren 1957 bezüglich der Lebensversicherung (I,10), die Jugend und die Familien 1962 (I,12), die Freiberufler (I,25), wobei eine Reihe von Maßnahmen einer Politik des sozialen Ausgleich zu dienen scheinen.

Die Vorstellung des (langfristig gebundenen) Sparens als meritorisches Gut kann den Maßnahmen der fünfziger Jahre unterstellt werden (z.B. "Stärkung der Eigenständigkeit des Einzelnen" durch Versicherungssparen (I,9)), äußert sich jedenfalls stark im Initiativantrag der ÖVP 1962, wo sogar von der Förderung der "sozialpädagogischen Arbeit" der Jugendverbände und der Anregung zu "zielstrebiger Spartätigkeit" die Rede ist (I,12).

2.3.2.11 Verwaltungs- und steuertechnische Begründungen

Die Einführung und Erhöhung von Pauschbeträgen für Sonderausgaben wird außer als Inflationsanpassung und Progressionsmilderung des öfteren auch als Verwaltungsvereinfachung für die Lohnsteuerstellen der Finanzämter gerechtfertigt (I,14.15.21). Dieses "technische" Argument steht überraschenderweise auch als einziges bei der Änderung der Bausparförderungsform 1972 am Papier (I,18).

Bindungsverlängerungen beim Versicherungssparen werden z.T. auch zum Zwecke der Verhinderung zu massiver Steuerumgehung durchgeführt (I,16.28).

2.3.3 Resümee

Ein relativ konsistentes "Sparförderungsmodell" des Gesetzgebers läßt sich noch in den frühen fünfziger Jahren ausmachen: die "Sparpolitik" erhöht über bessere Verzinsungen das (private) Sparen und bindet über begünstigte vertragliche Anlagen das Geldkapital länger; damit soll ein Kapitalmarkt geschaffen und die (klaren) wachstums-, struktur- und beschäftigungspolitischen Zielsetzungen erreicht werden. Aber auch sozialpolitisch sind schon zwei Schwerpunkte für die ganze Nachkriegsgeschichte gesetzt: Die Stärkung der Eigenvorsorge und des Wohnbaus.

Schon ab Ende der fünziger Jahre treten im Zuge von Einzelmaßnahmen verschiedene neue Begründungen, so verteilungs- und wettbewerbspolitische oder die Förderung bestimmter sozialer Gruppen auf; einige der partiellen Erhöhungen, Erweiterungen und Anpassungen bis zum "Höhepunkt" 1974 bleiben überhaupt ohne ausdrückliche wirtschaftspolitische Zielsetzung.

Nach der Rezession 1975 wird der (bis 1980 dauernde) allgemeine Abbau einheitlich budgetpolitisch, bei z.T. kuriosen konjunktur- und zinspolitischen Beigaben, motiviert: nur zwei der vier Pfeiler (Bau- und Versicherungssparen) des jahrzehntedauernden "Förderungsmix" bleiben bestehen.

Die erste Hälfte der achtziger Jahre steht im Zeichen der Förderung spezieller Mittelverwendung für die Erneuerung der Bausubstanz und v.a. der Umschichtung zu Eigen- und Risikokapitalanlagen.

1987 erfolgt zur Budgetentlastung ein weiterer Kürzungsschub, der auch die neueren Förderungsformen betrifft.

## 3. Die inhaltlichen Schwerpunkte der Diskussion zur Sparförderung in der Literatur des deutschsprachigen Raumes

Sparförderung kann auf eine Beeinflussung des Sparvolumens bzw. der Sparquote oder auf eine Beeinflussung der Sparstruktur in bezug auf Fristigkeit, Risiko usw. abzielen. In der deutschsprachigen Literatur der Finanzwissenschaft wird Sparförderung unter alloktiven, distributiven und stabilitätspolitischen (konjunkturellen) Gesichtspunkten abgehandelt, wobei insbesondere auf Zielkonflikte zwischen diesen wirtschaftspolitischen Zielsetzungen eingegangen wird.

Im folgenden sollen die wichtigsten Argumente zur Sparförderung unter allokativem, distributivem und stabilitätspolitischem Gesichtspunkt dargestellt werden und insbesondere auf ihre theoretische Fundierung eingegangen werden.

### *3.1 Sparförderung unter allokativem Aspekt*

Bezüglich des allokativen Aspekts dominiert die Bedeutung der Sparförderung als Instrument der *Wachstumspolitik* durch Erhöhung des *Sparvolumens* bzw. der Sparquote. Das starke Gewicht, das der Sparförderung für Wachstumszwecke insbesondere im Europa der 50er und 60er Jahre beigemessen wurde, läßt sich aus den Nachkriegsjahren erklären, in denen für den Wiederaufbau ein hohes Investitionsvolumen erforderlich war. Die Investitionsbereitschaft war vorhanden, Wachstumshemmungen waren daher nicht von Defiziten in der Investitionsneigung - also mangelnder Nachfrage - zu befürchten. Vielmehr wurde argumentiert, daß zu hohe Konsumgüternachfrage - also Spardefizite - wachstumshemmend wirken könnten. Gemäß neoklassicher Theorie bewirkt zu geringes Sparen und damit zu hohe Nachfrage nach Konsumgütern entweder eine Nichtrealisierung des geplanten Investitionsvolumens oder löst - bei Geldschöpfungsfinanzierung der Investitionen - inflationäre Prozesse aus, die dazu führen, daß das freiwillige Sparen durch preissteigerungsbedingtes "Zwangssparen" ( = Nichtkonsum) ergänzt wird (vgl. Timm, 1981, S. 213).

Staatliche Wachstumspolitik hat demnach bei gegebener hoher Investitionsneigung die Aufgabe, das Spardefizit, das entweder zu einer zu geringen realisierten Investitionsnachfrage führt und damit wachstumshemmend wirkt, oder bei Realisierung des Investitionsvolumens zu inflationärem Wachstum führt, zu beseitigen. Eingehend diskutiert wird in der Literatur, ob das Sparvolumen bzw. die Sparquote über Sparförderung (sowohl steuerlicher, wie auch ausgabenseitiger Art) oder über eine Veränderung des Steuersystems erhöht werden soll.

Bezüglich einer Veränderung des Steuersystems zur Förderung des Sparvolumens bzw. der Sparquote wird ein Ersatz von persönlichen Einkommenssteuern durch Ausgabensteuern - also konsumhemmenden und damit sparfördernden Steuern - gefordert. Zielkonflikte treten hiebei insbesondere zwischen Allokation und Verteilung auf, da Einkommensempfänger mit hoher Sparneigung damit steuerlich entlastet werden und dies sind vor allem Bezieher höherer Einkommen. (Kaldor (1955) schlug zur Vermeidung des Wachstums-Verteilungskonflikts den Ersatz der Einkommenssteuer durch eine persönliche allgemeine Ausgabensteuer (expenditure tax), die beim privaten Haushalt ansetzt und über "Verbrauchserklärungen" ermittelt wird, nur für höhere Einkommensschichten vor. (Vgl. Zimmermann/Henke, 1978, S. 121) Die Einhebung dieser Steuer würde aber großen verwaltungstechnischen Aufwand (Umfragen, Verbrauchserklärungen usw.) erfordern.) Zielkonflikte treten bei einer Umstellung des Steuersystems auf Ausgabensteuern auch zwischen Wachstum und Stabilisierung auf. Da der Konsum, und damit das Verbrauchssteueraufkommen, weniger konjunkturreagibel sind als Einkommensteuern, sind die automatischen Stabilisatoren eines Ausgabensteuersystems geringer.

Bedenken gegenüber Änderungen des Steuersystems zur Förderung des Sparvolumens bzw. der Sparquote als wachstumspolitischem Instrument, sowohl was negative Verteilungswirkungen anbelangt, als auch die Gefährdung des stabilitätspolitischen Ziels führten zu einer verstärkten Diskussion der Sparförderung für Wachstumszwecke.

Wenn Sparförderung als wachstumspolitisches Instrument eingesetzt werden soll, sind folgende Fragen zu klären:

a) Gelingt es der Sparförderung, das Sparvolumen bzw. die Sparquote zu steigern oder führt sie lediglich zu Umschichtungen von Veranlageformen?

b) Führt ein höheres Sparvolumen bzw. eine höhere Sparquote zu höheren Investitionen, d.h. besteht ein Spardefizit oder herrscht eine zu geringe Investitionsneigung?

c) Kann eine gestiegene Sparquote tatsächlich das Wirtschaftswachstum erhöhen (vgl. Greisinger, 1977) oder den wirtschaftlichen Wachstumspfad nach oben verschieben? (Vgl. Timm, 1981, S. 213)

Sparförderung setzt zur *Steigerung des Sparvolumens* voraus, daß Sparen (und Konsum) vor allem von der Effektivverzinsung abhängen. Wenn Sparen (und Konsum) hingegen primär vom Einkommen und nicht vom Zinssatz abhängen, ist von Maßnahmen der Sparförderung, die vor allem eine Erhöhung der Effektivverzinsung darstellt, kein wesentlicher Einfluß auf das Sparvolumen zu erwarten, sondern nur auf die Sparstruktur. (Vgl. Nowotny, 1987, S. 347)

Ob Sparförderung das Sparvolumen steigern kann, hängt auch von der konkreten Ausgestaltung der Förderung ab. Streissler (1984) stellen z.B. fest, daß die österreichische steuerliche Sparförderung de facto lediglich eine Förderung bestimmter Veranlagungsformen ist, die zu Bestandsumschichtungen geführt hat. Das Sparvolumen als Stromgröße wurde dadurch nicht notwendigerweise gesteigert (vgl. E. und M. Streissler, 1984, S. 181). Genser (1981) stellt für Österreich empirisch fest, daß das Sparvolumen durch Sparförderung nicht gestiegen (ja sogar gesunken) ist.

Daß höheres Sparen automatisch zu *höheren Investitionen* führt, ist im Neoklassischen Modell durch den Zinsmechanismus gegeben, da sowohl Sparen als auch Investitionen vom Zinssatz abhängen. Hängt Sparen hingegen primär vom Einkommen ab, die Investitionen vor allem von Ertragserwartungen der Investoren, ist durch nichts gewährleistet, daß höheres Sparen auch zu höheren Investitionen führt. In Zeiten von Überschußnachfrage nach Gütern - wie in den Nachkriegsjahren in Europa (und auch heute noch in vielen Entwicklungsländern) - wo vor allem eine nicht inflationäre Finanzierung der Investitionen angestrebt wurde, mag die Idee einer Sparförderung Berechtigung gehabt haben. In Zeiten von Investitionsdefiziten, wie sie seit den 70er Jahren auftreten, würde durch ein gestiegenes Sparvolumen die Konsumgüternachfrage zurückgehen, was sich wiederum negativ auf die Absatzerwartungen der Investoren auswirken könnte. Sparförderung, die auf eine Steigerung des Sparvolumens abzielt, wäre dann sogar wachstumshemmend.

Eingehender soll auf die dritte Frage eingegangen werden, da in der Literatur einige Verwirrung über kurz- und langfristige Effekte höherer Sparquoten herrscht (vgl. Greisinger, 1977). Im neoklassischen Modell führt eine höhere Sparquote nämlich *nicht zu höheren Wachstumsraten*, sondern lediglich zu einer Erhöhung des Pro-Kopf-Einkommens, von dem aus eine Wirtschaft wächst, zumindest solange technischer Fortschritt exogen gegeben ist.

Ein einfaches Wachstumsmodell à la Solow, zur Demonstration dieses Arguments, stellt z.B. Schliper (1985) dar. Im langfristigen Wachstumsgleichgewicht (steady state) muß die Wachstumsrate des Volkseinkommens gleich der Wachstumsrate des Kapitalstocks gleich der Wachstumsrate der Arbeitsbevölkerung und des technischen Fortschritts sein. Eine Erhöhung der Sparquote führt zwar kurzfristig zu einer Erhöhung der Investitionen und damit zu einer Erhöhung des Pro-Kopf-Einkommens der Bevölkerung, die langfristige Wachstumsrate von Volkseinkommen und Kapitalstock ist aber durch den exogen gegebenen technischen Fortschritt und die natürliche Wachstumsrate der Arbeitsbevölkerung - also unabhängig von der Sparquote - bestimmt. Eine Erhöhung der Sparquote führt demnach zu einer Erhöhung des Niveaus des Volkseinkommens, von dem aus eine Wirtschaft wächst, kann aber das Wirtschaftswachstum nicht beschleunigen.

Grafisch läßt sich dieses Argument wie folgt veranschaulichen:

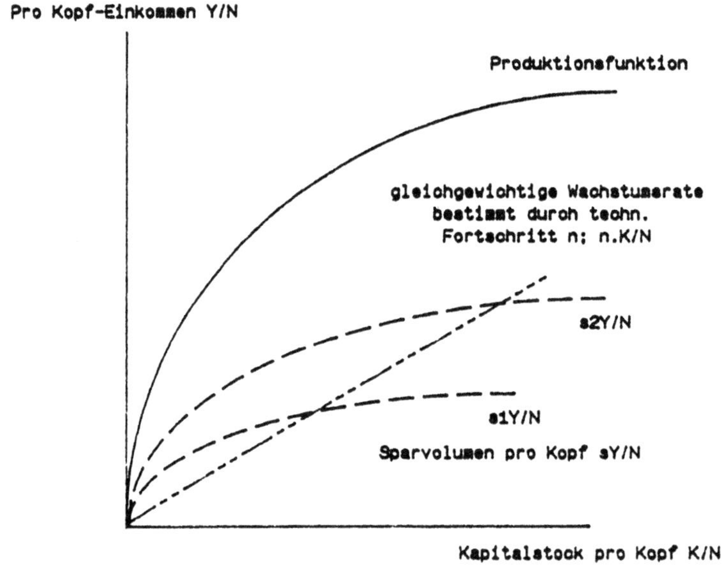


Quelle: Krause-Junk, 1981, S. 334

Ist die Wachstumrate des Volkseinkommens durch technischen Fortschritt (auch die Wachstumsrate der Arbeitsbevölkerung kann als solcher interpretiert werden) exogen bestimmt (n), führt eine Erhöhung der Sparquote pro Kopf der Bevölkerung von $s_1$ auf $s_2$ zu einer Erhöhung des Pro-Kopf-Einkommens Y/N, an der gleichgewichtigen Wachstumsrate ändert sich aber nichts. (Greisingers Argument, daß Sparen wachstumsfördernd wirkt, würde eine kontinuierliche Erhöhung der Sparquote S/Y erfordern!) Erst wenn technischer Fortschritt endogenisiert wird, können positive Effekte einer höheren Sparquote auf das Wirtschaftswachstum auftreten (vgl. Atkinson/Stiglitz, 1980; Kaldor/Mirrlees, 1962). Doch auch in jüngerer Literatur bleiben die wachstumsfördernden Effekte einer Erhöhung der Sparquote oder des Sparvolumens umstritten.

Insgesamt läßt sich zum Argument Sparförderung für Wirtschaftswachstum feststellen, daß es innerhalb des neoklassischen Modells auf sehr wackeligen Beinen ruht. Weder ist gesichert, daß Sparförderung zu einer Erhöhung des Sparvolumens einer Volkswirtschaft führt, noch daß dies zu höheren Investitionen und höherem Wirtschaftswachstum führt.

Zielkonflikte zwischen einer erfolgreichen Wachstumsniveau fördernden Sparförderung und "gerechter" Verteilung ergeben sich daraus, daß vor allem Bezieher mittlerer und höherer Einkommen die nötige Sparfähigkeit besitzen, die zu einer Erhöhung der Sparquote - und damit zu einer Steigerung des Einkommensniveaus im gleichgewichtigen Wachstum - führen soll.

Zielkonflikte zwischen Wachstum und Stabilisierung werden häufig überschätzt. Da das neoklassische Wachstumsargument von Vollbeschäftigung ausgeht, können konjunkturelle Schwankungen gar nicht auftreten. Es handelt sich daher nicht um einen Zielkonflikt zwischen Wachstum und Stabilisierung, sondern darum, ob Sparförderung bei Voll- oder Unterbeschäftigung eingesetzt wird. Bei nachfragebedingter Unterbeschäftigung kann - wie bereits erwähnt - zusätzliches Sparen einen weiteren Rückgang der Nachfrage bewirken und damit konjunkturelle Probleme noch verschärfen.

Ein weiterer Allokationsaspekt, der umfassend diskutiert wird ist, ob der Staat in die Einkommensverwendung des Individuums korrigierend eingreifen soll. Sparen bedeutet entweder Konsum auf die Zukunft zu verschieben oder endgültigen Konsumverzicht, indem die Ersparnisse der nächsten Generation vererbt werden. Wenn diese Allokation über die Zeit im Interesse des Individuums nicht befriedigend verläuft, weil z.B. Individuen zukünftige Bedürfnisse unterschätzen, soll der Staat im Interesse des Individuums eingreifen (entweder durch Sparförderung oder durch gesetzliches Zwangssparen, vgl. Albers, 1985). Gekoppelt mit verteilungspolitischen Argumenten ergibt sich daraus eine sozialpolitische Begründung für Sparförderung.

### *3.2 Sparförderung unter distributivem Aspekt*

Neben dem allokativen Aspekt vor allem des Wirtschaftswachstums und der Eigenvorsorge durch Sparförderung werden in der Literatur Verteilungsaspekte der Sparförderung betont.

Das Verteilungsziel der Sparförderung tauchte nach dem Zweiten Weltkrieg sowohl in der BRD als auch in Österreich erst nach der Diskussion des Wachstumszieles auf, wobei die Verteilungsdiskussion in der BRD früher und wesentlich ausgeprägter als in Österreich erfolgte.

Das Ziel einer Erhöhung der Sparquote für Wachstumszwecke wurde in der BRD durch Steuerbegünstigungen (Kauf von Wertpapieren) im Rahmen von Sonderausgaben und durch eine ermäβigte Besteuerung bestimmter Zinsen als Anreiz für verstärkte private Ersparnis verfolgt. Von diesen Vergünstigungen hatten vor allem Bezieher höherer Einkommen Vorteile gehabt, da einerseits die Sparfähigkeit unterer und mittlerer Einkommensbezieher gering war, andererseits die Höhe der Steuerermäβigung aufgrund des progressiven Verlaufs der Einkommenssteuer für Bezieher höherer Einkommen gröβer war (Albers, 1985, S. 518f.). Die daraus sich ergebende ungleichmäβigere Vermögensverteilung, der gestiegene absolute Unterschied im Wohlstandsniveau, führten zu einer verstärkten Diskussion des Einsatzes der Sparförderung für Verteilungsziele. Vermögenspolitische Initiativen in der zweiten Hälfte der 50er Jahre zielten darauf ab, breite Schichten der Bevölkerung an die regelmäβige Kapitalbildung heranzuführen (Geiger, 1985, S. 534), versuchten also die "Förderung einer breitgestreuten Vermögensbildung." (CDU-Programm der 50er-Jahre)

Sparförderung kann einerseits auf die Einkommensverteilung,[1] andererseits auf die Vermögensverteilung Einfuβ nehmen.

---

1) Nicht einheitlicher Auffassung ist die deutsche Finanzwissenschaftsliteratur darüber, ob es sich bei Sparförderung um Einfluβnahme auf die Primärverteilung über die private Faktorausstattung mit Vermögen handelt (vgl. z.B. Andel, 1983, S. 419) oder um Einfluβnahme auf die Sekundärverteilung (vgl. z.B. Wittmann, 1975, S. 155) handelt. Grundsätzlich ist Wittmann zuzustimmen, da Sparförderung ja auch finanziert werden muβ. Andels Argument hingegen kann als langfristiger Effekt gedeutet werden. Gelingt es Sparförderung, die Vermögensbildung bestimmter Gruppen zu erhöhen und wird sie dann ausgesetzt, herrscht eine andere Primärverteilung als ohne Sparförderung.

Auf die *Einkommensverteilung* kann Sparförderung dann Einfluß nehmen, wenn es gelingt, die (Zins)Einkommen der zu fördernden Bevölkerungsgruppen zu erhöhen. (Hiebei ist die Finanzierung der Sparförderung aber nicht unbedeutend. Erfolgt die Finanzierung der Sparförderung (= die höheren Zinseinkommen der zu fördernden Bevölkerungsgruppe) aus Mitteln, die zuvor ebenfalls dieser Bevölkerungsgruppe zugute kamen, ist der Verteilungseffekt null).

Als Instrument der *Vermögenspolitik* wird Sparförderung zur Einflußnahme auf die Bildung *neuen* Vermögens angesehen.

Unter dem Aspekt der Einkommens- oder Vermögensverteilung soll Sparförderung dazu dienen, die Sparquote der Arbeitnehmerhaushalte zu erhöhen, also jene privaten Haushalte zum zusätzlichen Sparen anzuregen, die ihr Einkommen aus unselbständiger Arbeit beziehen.

Wenn es gelingt, die Sparquote der Arbeitnehmerhaushalte zu erhöhen, ohne daß die Investitionstätigkeit der Unternehmungen zurückgeht, erfolgt nicht nur eine Umverteilung der Einkommen zugunsten der Arbeitnehmer, sondern es steigt auch ihr Vermögensanteil (vgl. Kaldor, 1956).

Zu einem Zielkonflikt zwischen Wachstum und Verteilung kann es dann kommen, wenn das geringere Konsumwachstum zu einem Rückgang der Investitionstätigkeit führt.

Aus dem neoklassischen Wachstumsmodell war gefolgt, daß jede verteilungspolitische Maßnahme, die eine Verringerung der Sparquote bewirkt, das Pro-Kopf-Einkommen verringern würde. Dies würde auch die Lage derjenigen (hier: unselbständig Erwerbstätigen) verschlechtern, zu deren Vorteil die verteilungspolitische Maßnahme gedacht war. Es gilt daher - im neoklassischen Modell ebenso wie im Kaldor-Modell - die Sparquote jener zu erhöhen, die von Umverteilung begünstigt werden sollen (vgl. Krause-Junk, 1981, S. 336). Theoretisch ist damit der Wachstums-Verteilungszielkonflikt gelöst. Praktisch bleibt die Frage offen, ob und wie die Sparquote der Arbeitnehmer erhöht werden kann, und ob diese Erhöhung dauerhaft ist.

Sparförderung wird auch unter dem Aspekt der Vermögensverteilung spezifischer Zielgruppen eingehend diskutiert. Wenn Sparförderung eine stärkere Vermögensbildung bei den Geförderten bewirken soll, muß sie diese zu zusätzlichen Ersparnissen anregen (vgl. Albers, 1977, S. 952). Erfolgt hingegen lediglich eine Umschichtung zu geförderten Anlageformen, ist keine stärkere Vermögensbildung bei den Geförderten zu erwarten.

Blümle (1985) hingegen sieht längerfristig eine Steigerung des Sparvolumens und Vermögens der zu fördernden Gruppen auch dann gegeben, wenn als Erstrundeneffekt nur eine Umschichtung zu geförderten Anlageformen erfolgt. Durch die gestiegene Effektivverzinsung der Ersparnisse steige das verfügbare Einkommen. Sind - wie die keynesianische Theorie annimmt - Konsum und Sparen vom Einkommen abhängig, steigen infolge auch Konsum und Sparen. D.h. selbst wenn Sparen nicht - wie die neoklassische Theorie ja unterstellt - zinsabhängig ist, kann durch Sparförderung das disponible Einkommen und damit das Sparvolumen und die Vermögensbildung der zu Fördernden erhöht werden.

Zu Blümles Argument gilt allerdings kritisch zu vermerken, daß jene, deren Sparfähigkeit null ist, auch durch die Sparförderung keine zusätzlichen Einkünfte zu erwarten haben. Ferner ist zu fragen, ob die Kosten der Sparförderung gerechtfertigt sind, wenn sie nicht unmittelbar Sparanreize verschaffen kann, sondern nur über den indirekten Effekt der Einkommenserhöhung wirkt, der teilweise wieder in höherem Konsum verpufft. Die zu erwartende neue Vermögensbildung der zu Fördernden würde dann - selbst bei erfolgreicher Förderung - dementsprechend marginal bleiben, die Vermögensbildung der untersten Einkommensschichten (= jene, die nicht sparen) bliebe ohne Förderung.

Um die Frage, ob Sparförderung tatsächlich positive Auswirkungen auf die Einkommens- bzw. Vermögensverteilung hat, sind folgende Punkte zu klären:

a) Kann durch Sparförderung überhaupt auf die Sparentscheidung unterer Einkommensschichten Einfluß genommen werden?

b) Ist - sofern die Sparförderung das Sparvolumen unterer Einkommensschichten erhöht - gewährleistet, daß die Akkumulation der Ersparnisse dauerhaft ist, d.h. kann es dadurch zu einer bleibenden Erhöhung der Vermögensbildung der zu Fördernden kommen?

c) Kann durch Sparförderung ausgeschlossen werden, daß auch andere Einkommensschichten in den Genuß der Förderung kommen, denn nur dann kann es zu einer gleichmäßigeren Vermögensverteilung kommen?

Zur Klärung der Frage, ob durch Sparförderung auf die Sparentscheidung unterer Einkommensschichten Einfluß genommen werden kann, wurden deren Sparfähigkeit und Sparmotive untersucht.

Die *Sparfähigkeit* ist umso geringer, je niedriger das Einkommen und Vermögen, also je dringlicher eine Erhöhung der Sparquote für die verteilungspolitische Effizienz der Sparförderung ist (vgl. Brümmerhof, 1987, S. 420).

Als *Sparmotive* unterer Einkommensschichten gelten Altersvorsorge (die aber großteils über die gesetzliche Altersvorsorge durch "Zwangssparen" geregelt ist), Risikovorsorge für nicht vorhersehbare Notlagen und Zwecksparen für einmalige größere Anschaffungen (Zusatzbelastung der Ausbildung und Wohnung) sowie für dauerhafte Konsumgüter (vgl. Albers, 1985, S. 513 f.). Zusätzliche Einkünfte aus den Ersparnissen zu erzielen, spielt dagegen als Sparmotiv kaum eine Rolle, da die Ersparnisbildung im allgemeinen keinen so großen Umfang erreicht, daß Erträge erheblich ins Gewicht fallen (Albers, 1980, S. 297).

Einer generellen Sparförderung zur Erhöhung des Sparvolumens und der Vermögensbildung unterer Einkommensschichten wird daher aus verteilungspolitischer Sicht meist mit Skepsis begegnet.[2]

Vergößert wird die Skepsis durch die Tatsache, daß wenn für dauerhafte Konsumgüter zweckgespart wird, das Sparvolumen sogar sinken kann, Sparförderung also den gegenteiligen Effekt haben kann, weil das Sparziel schneller erreicht wird (Albers, 1977, S. 954). (Einen negativen Zusammenhang zwischen Sparförderung und Sparförderung wegen dauerhafter Konsumgüter stellt in anderem Kontext und mit anderer Begründung auch Genser (1981) für Österreich fest.)

Selbst wenn es gelingt, durch Sparförderung das Sparvolumen unterer Einkommensschichten zu erhöhen, ist eine gleichmäßigere Vermögensverteilung nur dann gegeben, wenn die-

2) Relativ optimistisch für die BRD ist hiezu Andel (1983, S. 419), der allerdings nur die Vermutung einer Verbesserung der Einkommensverteilung durch Sparförderung hegt.

se zusätzlichen Sparbeträge nicht später wieder aufgelöst werden und für Konsumzwecke benützt werden. Vielmehr müssen sie in Geld-, Sach- (oder Humankapital) - also in Vermögensformen - erhalten bzw. umgeschichtet werden.

In diesem Zusammenhang wird insbesondere auf die Problematik der Anschaffung dauerhafter Konsumgüter hingewiesen. Eine Auflösung der durch Sparförderung induzierten Ersparnisse nach Ablauf der Bindungsfrist zwecks Anschaffung dauerhafter Konsumgüter macht Sparförderung für Vermögensbildung und Verteilung wirkungslos. Dem Dilemma der Auflösung der Ersparnisse versuchte man durch die Forderung *langer Sperrfristen* zu entkommen.

Größere Hoffnung wird auf Sparförderung speziell für *Wohnungserwerb* gesetzt. "Handelt es sich z.B. um ein prämiengebünstigtes Bausparen, so führt der Erwerb eines Hauses oder einer Eigentumswohnung zu einer Veränderung in der Anlageform, die Schutz vor Geldentwertung bietet und mit erheblichem Wertzuwachs verbunden sein kann, der Rückwirkungen auf die Vermögensverteilung hat. Sparförderungen sollten daher nicht nur die unteren Einkommen, sondern auch die Anlageformen begünstigen, die einen starken Effekt zugunsten einer gleichmäßigen Vermögensverteilung haben". (Wittmann, 1975, S. 154)

Sparförderung sollte demnach für verteilungspolitische Zielsetzungen nicht generell, sondern für spezifische Einkommensgruppen *und* für spezifische Anlageformen konzipiert sein.

Der Erwerb eines Hauses oder einer Eigentumswohnung setzt allerdings bereits Einkommensgruppen voraus, die eine genügend hohe Sparfähigkeit haben, bei denen sich die Notwendigkeit einer Vermögenserhöhung zwecks Umverteilung nicht primär aufdrängt. Albers (1985, S. 515), der ebenfalls für eine Sparförderung für Wohnbau zwecks Vermögenserhöhung plädiert, tut dies bezeichnenderweise nicht aus Gründen der gesamtwirtschaftlichen Zielsetzung Vermögensverteilung, sondern es ist für ihn die einzige Legitimation der Sparförderung "aus der Sicht der Individuen".

Ob von Sparförderung nicht förderungswürdiger Gruppen ausgeschlossen werden können, wurde vor allem im Rahmen der Diskussion konkreter Sparformen behandelt. Steuerliche Sparförderung wird aufgrund ihrer regressiven Einkommenswirkung für Verteilungszwekke abgelehnt (vgl. Timm, 1981, S. 216) und es wird für Sparprämien plädiert. Die konkrete Ausgestaltung der Prämien soll entweder einkommensabhängig (einkommensklassenspezifische Prämien bis zu einem Höchsteinkommen) oder nach sozialen Gesichtpunkten (z.B. Kinderzahl) abgestuft sein.

Parallelsysteme von steuerlicher und Prämiensparförderung werden aus verteilungspolitischer Sicht kritisiert, da die Förderung an der Spitze der Steuerprogression höher sei als die Prämie (vgl. Bender, 1981, S. 407 f.).

Der Auschluß oberer Einkommensbezieher von der Sparförderung ist zwar durch die konkrete Ausgestaltung von Sparprämien prinzipiell möglich, doch de facto nicht gegeben (Wittmann, 1975, S. 154).

Insgesamt verbleibt die Literatur bezüglich der Chancen, durch Sparförderung die Einkommens- und Vermögensverteilung nennenswert zu verbessern, pessimistisch (vgl. z.b. Wittmann, 1975 und 1977; Albers, 1977; Krause-Junk, 1981; Timm, 1981, Brümmerhof, 1987).

### *3.3 Sparförderung unter stabilitätspolitischem Aspekt*

Sparförderung zur Erreichung des stabilitätspolitischen Ziels wird deutlich weniger als zur Erreichung des allokativen und distributiven Ziels in der Literatur diskutiert. Unter stabilitätspolitischem Gesichtpunkt sollte in der Hochkonjunktur - zur Dämpfung der inflationär wirkenden Nachfrage - die Sparförderung eingesetzt werden und in der Rezession - zur Belebung der mangelnden Nachfrage - gestrichen werden.

Sparförderung in Rezessionszeiten, bei Unterbeschäftigung, bewirkt über den damit induzierten Konsumnachfrageausfall eine Verschlechterung der Absatzerwartungen der Unternehmungen und eine Verschärfung der Rezession. Sie sollte daher nur bei Vollbeschäftigung eingesetzt werden. Ferner gilt zu verhindern, daß in Vollbeschäftigungszeiten Sparguthaben für Konsumzwecke aufgelöst werden, da dies inflationäre Prozesse auslöst (vgl. Wittmann, 1977, S. 93).

Sparförderung für konjunkturpolitische Zwecke würde eine jährliche Variation der Förderung erfordern. Dies würde einen Zielkonflikt zu anderen Zielen der Sparförderung bedeuten, die ja lange Bindungsfristen erfordern (z.B. zur Veränderung der Vermögensverteilung, für Eigenvorsorge usw.). Aus diesem Grund eigenen sich andere Instrumente der Budgetpolitik für konjunkturpolitische Zwecke viel mehr als die Sparförderung.

### *3.4 Die Zielsetzungen der österreichischen Sparförderung im Lichte deutschsprachiger Literatur*

Aus den in Teil 2 aufgezeigten wirtschaftspolitischen Zielsetzungen der österreichischen Sparförderung 1945 - 1987 lassen sich Wachstumspolitik (auch für Beschäftigung), Strukturpolitik, Wettbewerbspolitik auf Finanzmärkten und teilweise Eigenvorsorge (im Sinne der Ressourcenallokation der Individuen über die Zeit) unter den *allokativen* Aspekt einordnen.

Das Wachstumsziel wurde bereits in Kapitel 3.1 ausführlich diskutiert. Das neoklassische Modell erfordert die Vollbeschäftigungsannahme in dem Sinne, daß es nur freiwillige Arbeitslose gibt, die zu einem gegebenem Gleichgewichtsreallohn nicht arbeiten wollen. In der österreichischen Sparförderung taucht das Argument der Wachstumsförderung auch für Beschäftigungspolitik auf (siehe Teil 2,I.7). Dies ist mit dem neoklassischen Modell i.S. einer Erhöhung der Nachfrage nach Arbeitskräften und der Reallöhne durch Wachstum und damit Verringerung von freiwilliger Arbeitslosigkeit vereinbar. (Daß die hohen Arbeitslosenraten der 50er Jahre in Österreich allerdings auf freiwilliger Arbeitslosigkeit beruhten, muß bezweifelt werden.) Für aktive Beschäftigungspolitik zur Bekämpfung unfreiwilliger Arbeitslosigkeit hingegen ist die Neoklassik nicht zuständig.

*Strukturpolitik, Wettbewerbs- und Zinspolitik auf Finanzmärkten* als Zielsetzungen der Sparförderung lassen sich allokationspolitisch dann legitimieren, wenn der Preismechanismus des Marktes nicht funktioniert. Mit Ausnahme der strukturpolitischen Maßnahmen erfolgten diese Zielsetzungen der Sparförderung aber nicht aktiv, sondern zur Vermeidung der allokativen Verzerrungen durch die Sparförderung selbst.

Auf *Eigenvorsorge* wurde bereits eingegangen. Albers (1985, S. 513 f.) vertritt die Auffassung, daß angesichts einer gesetzlichen Altersvorsorge weitere Eigenvorsorge ohnehin freiwillig - d.h. ohne Sparförderung - erfolgt und daher keine Legitimation für Sparförderung darstellt. Er übersieht aber, daß die Förderung der Eigenvorsorge auch einen starken gesellschafts- und verteilungspolitischen Aspekt beinhaltet.

Unter *verteilungspolitischem Gesichtspunkt* läßt sich auch das Argument *Inflationsabgeltung* durch Sparförderung einordnen. Da vor allem Bezieher niedriger Einkommen überwiegend geldwertabhängiges Vermögen, die Bezieher höherer Einkommen hingegen vor allem geldwertunabhängiges Vermögen (Realkapital) besitzen (Albers, 1985, S. 519), bewirkt Inflation eine Benachteiligung niedriger Einkommen. In diesem Sinne kann Inflationsabgeltung durch Sparförderung auch aus verteilungspolitischer Sicht begründet werden, wobei eine Konzentration auf spezifische Einkommensgruppen dann allerdings nur schwer möglich ist.

Unter stabilitätspolitischem Gesichtpunkt lassen sich die Ziele *Konjunkturpolitik* und *Beschäftigungspolitik im Zusammenhang mit Baukonjunkturmaßnahmen* einordnen. Das "prozyklische" konjunkturpolitische Argument (I.22), nämlich Sparförderung in der Rezession auszuweiten, beruht offenbar auf einer Verwechslung von keynesianischer Konjunkturtheorie und neoklassischer Wachstumstheorie. Eine Erhöhung der Sparförderung zur Ankurbelung der Investitionen setzt genügend hohe Nachfrage und Beschäftigung bereits voraus. Diese sind aber in Rezessionszeiten definitionsgemäß nicht zu finden.

Die Ankurbelung der Baukonjunktur über die Gewährung niedrigverzinster Darlehen ist prinzipiell konjunkturpolitisch erfolgversprechend. (Wie weit diese allerdings durch Mittel über Sparförderung finanziert werden mußten, ist angesichts der ausreichenden Liquiditätslage 1982 fraglich).

### *3.5 Schlußfolgerungen aus der Diskussion der Sparförderung im deutschsprachigen Raum*

Vergleicht man die Schwerpunkte der Zielsetzungen der Sparförderung Österreichs mit jenen der BRD, so fällt auf, daß in Österreich Sparförderung viel stärker unter allokativem Aspekt behandelt wird. Verteilungspolitische Argumente finden sich zwar, doch wurden sie in Österreich nie sehr klar bzw. die Frage der Vermögensverteilung nie diskutiert. Das Problem der Vermögensverteilung wurde allerdings auch von den deutschen Gewerkschaften wesentlich stärker thematisiert als von den österreichischen. So etwa gab es "Zwangssparen" durch vermögenswirksame Leistungen für Arbeitnehmer in Tarifverträgen (vgl. Albers, 1977). Auch das in der BRD bestehende Kumulierungsverbot von Förderungen (vgl. Nowotny, 1987) ist hier anzuführen.

Das Problem, daß Sparförderung zu verstärkter Nachfrage nach dauerhaften Konsumgütern führen kann und damit unwirksam für Vermögensbildung wird, wird in Österreich und in der BRD diskutiert. Durch die österreichische Außenhandelsstruktur bedingt, tritt dann aber zusätzlich noch das Problem der Verschlechterung der Leistungsbilanz. (Dorns (1979) Argument der Verbesserung der Leistungsbilanz durch Sparförderung und damit Konsumdrosselung ist dann mit Skepsis zu behandeln).

Aus *allokativer* Sicht ist eine *generelle* Sparförderung in Zeiten von Angebotsknappheit, wie sie etwa in den Nachkriegsjahren auftrat, für inflationsfreies Wachstum zu rechtfertigen. In Zeiten von Nachfragemängeln, wie sie seit den 70er Jahren auftreten, ist sie hingegen kontraproduktiv. Für *strukturpolitische* Zielsetzungen, wie Wohnbau oder Aufbringung von Risikokapital, ist Sparförderung prinzipiell zulässig. Doch tritt bei Sparförderung unter allokativem Aspekt oft ein Verteilungskonflikt auf, ferner Wettbewerbsverzerrungen - also Fehlallokation - auf den Finanzmärkten.

Sparförderungsmaßnahmen sind aus *verteilungspolitischer* Sicht (Prämien) wenig Erfolgsaussicht beschieden, da weder die Sparfähigkeit noch die Sparmotivation der unteren Einkommensschichten hiefür vorhanden ist. Ferner ist nicht gewährleistet, daß die geförderten Vermögen nicht wieder aufgelöst werden und obere Einkommensschichten von der Sparförderung ausgeschlossen werden.

Für *Stabilisierungsziele* wird Sparförderung kaum thematisiert. Sie ist dann wenig für stabilitätspolitische Zielsetzungen geeignet, wenn der Konsum wenig konjunkturreagibel ist; ihre Wirkung hängt also entscheidend von der Konsumfunktion ab.

## 4. Sparförderung: Versuch einer amerikanischen Perspektive

Die gegenwärtig dominierende Rolle der angelsächsischen Theoriekomponente (auch) im Bereich der Finanzwissenschaft (vgl. beispielsweise Atkison/Stiglitz, 1980) läßt es sinnvoll erscheinen, der bei uns üblicherweise durch die deutschsprachige Literatur geprägten Sicht der Thematik Sparförderung einige wesentliche Element der amerikanischen Diskussion gegenüberzustellen. Wie sich bei diesem Versuch sofort zeigt, ergibt sich aus amerikanischer Perspektive ein verändertes Bild der Argumente und Überlegungen zum Thema. Vielleicht sind diese anders gesetzten Schwerpunkte der Analyse auch Ursache der grundsätzlich andersartigen Gestaltung eines "Systems" von Sparförderungsmaßnahmen in den USA. Gerade diese Fremdartigkeit macht es jedoch interressant, diese Perspektive der österreichischen Situation gegenüberzustellen und aus der Konfrontation erste Schlußfolgerungen für eine Einschätzung der österreichischen Sparförderungslandschaft zu versuchen.

### *4.1 Sparförderung in den USA*

Als wesentlicher erster Eindruck ergibt sich, daß die amerikanische Literatur eine eigenständige und spezifische Behandlung des Themas Sparförderung nicht kennt. Mehrere Datenbankrecherchen in verschiedenen amerikanischen Datenbanken mit ökonomischer Literatur erwiesen sich hinsichtlich aktueller Veröffentlichungen zu Begriffen wie "savings promotion", "savings incentives" und einer Reihe ähnlicher Schlagwörter als äußerst unergiebig. Ein konkretes Ergebnis war pikanterweise ein bibliographischer Hinweis auf einen englischsprachigen Artikel in einer - österreichischen - Zeitschrift zur - österreichischen - Sparförderung. (Genser, 1981)

Sparförderungsmaßnahmen in dem bei uns geläufigen Sinn werden in den USA vielmehr im thematischen Zusammenhang spezifischer Problemstellungen abgehandelt. Eine Vorgangsweise, die grundsätzlich einer stärker inhaltlich-theoretischen Orientierung des Themas entgegenkommt. Sie macht klar, daß Maßnahmen zur Sparförderung - zumindest in den entwickelten Industriestaaten (zur spezifischen Situation in Entwicklungsländern vgl. Molho, 1985 und die dort angeführte Literatur) - kaum/nicht Förderung des Sparvolumens zu sein beabsichtigt, sondern vielmehr die Begünstigung spezifischer Sparformen bzw. der Vermögensbildung im Hinblick auf bestimmte - übergeordnete - Zielvorstellungen anstrebt. Es ist diese instrumental-funktionale Perspektive der Sparförderung, die die amerikanische Behandlung des Themas dominiert. Sparförderung bedeutet in dieser US-Sicht beispielweise Pensionsvorsorgeförderung durch steuerliche Begünstigung von Finanzanlageformen zur individuellen Pensionsvorsorge.

Als konkrete Begünstigungen der Ersparnisbildung in den USA erscheinen in diesem Rahmen folgende Maßnahmen: (Vgl. Byrne, 1976; Becker/Fullerton, 1980; Steuerle, 1983)

1. Steuerbefreiung für Dividenden aus Aktien: (Freibetrag $200, für verheiratete Ehepaare $400)

2. Steuerbegünstigungen zur Pensionsvorsorge auf individueller und betrieblicher Ebene (Keogh Plans, Individual Retirement Accounts-IRA, Supplementary Retirement Accounts-SRA ...) Einkommensteuerbefreiung für jährliche Sparleistungen bestimmter Höhe und die daraus fließenden Zinseinkommen, normale Besteuerung bei Entnahme dieser Mittel nach dem 59. Lebensjahr - vorherige Entnahme nur zu Strafsteuersätzen (= Verschiebung der Steuerlast in die Pensionsphase + Nettoeffekt der dann niedrigeren marginalen Steuersätze)

3. Steuerbegünstigungen für Zinsen bestimmter Wertpapiere (z.B. von Bundesstaaten und Gemeinden, All Savers Certificates ...)

4. Wertsteigerungen von Finanzanlagen ("nur" Besteuerung bei Realisierung, Begünstigungen für langfristige Anlageformen)

Obwohl der Umfang dieser Begünstigungen im Vergleich zur europäischen bzw. auch zur österreichischen Situation als nicht besonders groß erscheint, wird ihr Netto-Effekt aus amerikanischer Sicht als massive einkommenssteuerliche Begünstigung eines wesentlichen Teiles der Kapitaleinkommen interpretiert (Stiglitz, 1986). Als materielle Rechtfertigung dieser Bestimmungen werden die administrative Vereinfachung des Steuersystems (z.B. bei der Regelung der Besteuerung von Wertsteigerungen), Steuergerechtigkeit (z.B. individuelle Pensionsvorsorge versus betriebliche Pensionsvorsorge), erwünschte Incentive-Effekte (z.B. Vermögensbildung zur Pensionsvorsorge) und der Einfluß politischer Lobbies (z.B. bei der teilweisen Steuerbefreiung der All Savers Certificates, die eine Maßnahme zur Förderung der Mittelveranlagung bei Sparkassen war/ist) angeführt. (Für eine Analyse aktueller Änderungen im Rahmen der amerikanischen Steuerreform vgl. Hausman/Poterba, 1987).

### *4.2 Einige grundlegende Elemente der theoretischen Analyse von Maßnahmen zur Sparförderung in der amerikanischen Literatur*

#### 4.2.1 Das 2 Perioden - 2 Güter - Life Cycle Modell als Ausgangspunkt

Den üblichen Rahmen der theoretischen Analyse von Sparförderung stellt das simple mikroökonomische Modell des intertemporalen Konsumentscheidungsprozesses der Neoklassik dar: (Vgl. z.B. Deaton/Muellbauer, 1980 oder Sandmo, 1985 für ausführliche Darstellungen und Erweiterungen dieses Modells)

Die Entscheidung zur Aufteilung des Haushaltseinkommens zwischen Konsum und Sparen wird als die Allokationsentscheidung zwischen heutigen und zukünftigen Konsumgütern formal in das übliche Schema der Entscheidungslogik 2 Güter versus Budgetbeschränkung transformiert. Konsum heute ist das eine Gut, Konsum morgen das andere. Durch den Verzicht auf eine Einheit Konsum heute können in der nächsten Periode (= Zukunft) (1 + i) (i = Zinssatz) Einheiten zusätzlich konsumiert werden. 1/(1 + i) ist der Preis zukünftigen in Relation zu gegenwärtigem Konsums.

Spart der Haushalt nicht, so konsumiert er in jeder der beiden Perioden genau das ihm in dieser Periode zufließende Einkommen Yt bzw. Yt + 1. In Abbildung 1 wird diese Situation (Yt = Ct, Yt + 1 = Ct + 1) durch die Position W beschrieben. Der Bereich rechts vom Punkt W ist nur im Fall der Kreditverschuldung für Konsumzwecke relevant. Für die isolierte Analyse des Sparaktes kann er vernachlässigt werden.

Sparen bedeutet in diesem Modell den teilweisen Verzicht auf Konsum aus dem in Periode t zufließenden Einkommens Yt (Yt größer als Ct) und einen entsprechenden Mehrkonsum in Periode t + 1. Dieser Mehrkonsum setzt sich zusammen aus dem direkten Konsumverzicht in der Periode t - dem Sparen St als Vermögenstransfer aus der Periode t in die Periode t + 1 - und dem aus dieser Ersparnis erzielten zusätzlichen (Zins-)Einkommen (iSt). Der in Periode t + 1 dann tatsächlich realisierte Konsum Ct + 1 ist folglich bestimmt als Yt + 1(1 + i)St.

Abbildung 1: Die Sparentscheidung im 2 Perioden - 2 Güter - Life Cycle Modell

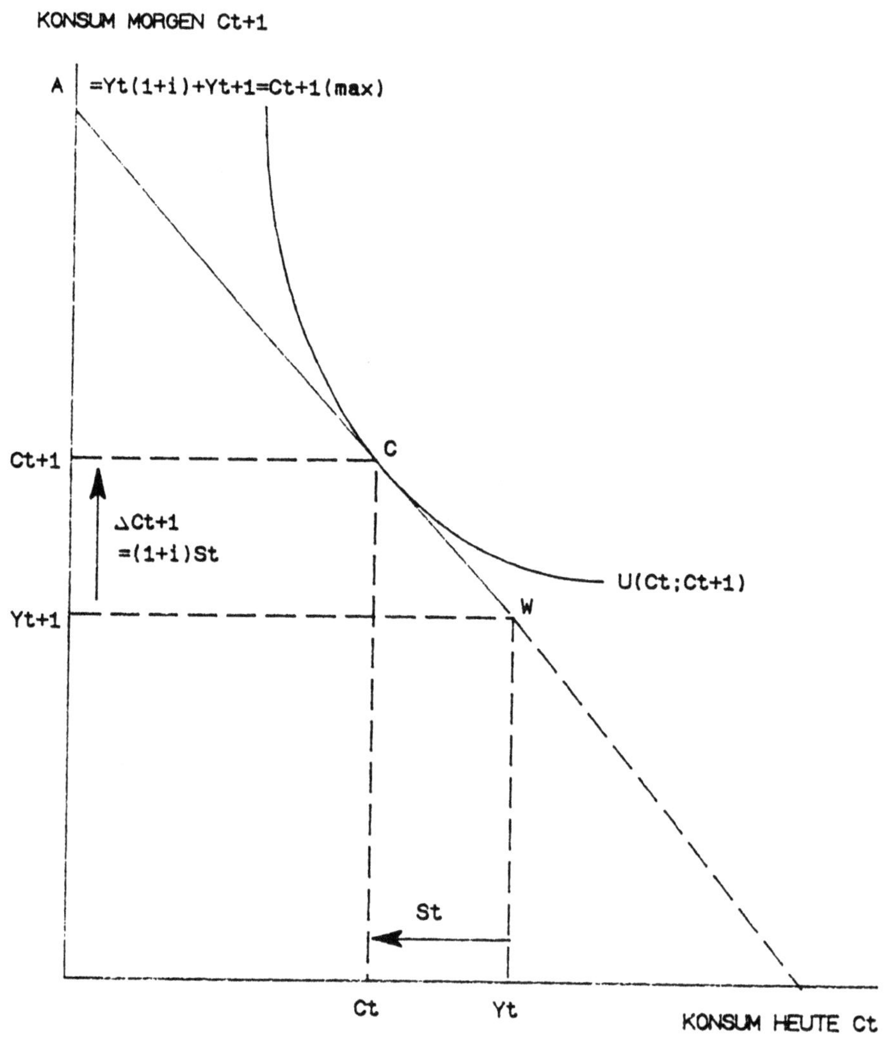

Die Sparentscheidung erfolgt aufgrund einer intertemporalen Budgetbeschränkung, die sich in diesem einfachsten Modell lediglich auf 2 Perioden bezieht (z.B. vor der Pensionierung - nach der Pensionierung). Der Verlauf dieser Budgetbeschränkung ist durch das laufende Einkommen in beiden Perioden (Yt,Yt+1) sowie durch den Zinssatz i gegeben. Ohne Verschuldung für Konsumzwecke sind die Extrempositionen bestimmt durch den Punkt W (Yt=Ct=Ct(max)), in dem das ganze Einkommen der Periode t konsumiert wird, und durch den Punkt Ct+1(max) (Yt=St, Ct=0), in dem das ganze Einkommen der Periode t gespart wird.

Eine intertemporale Indifferenzkurve U legt dann im Bereich zwischen Ct+1(max) und W das intertemporale Nutzenmaximum des Konsumenten (z.B. im Punkt C durch die Verteilung des (Lebens-Einkommens) auf heutigen und zukünftigen Konsum fest. Die Einführung von Kreditverschuldung in Periode t würde ermöglichen, eine Kombination auf der Budgetbeschränkung rechts vom Punkt W zu wählen. In diesem Fall wäre in der Periode t der Konsum Ct größer als das in dieser Periode erzielte Einkommen Yt. Als Extremfall gilt hier der Punkt Ct(max). Bei Geltung dieser Kombination wird nur in Periode t konsumiert. Das dann in Periode t+1 zufließende Einkommen Yt+1 reicht gerade aus, den für den Mehrkonsum in Periode t erforderlichen Kredit inklusive Zinsen zurückzuzahlen.

### 4.2.2 Anwendung des Grundmodells auf die Frage der Besteuerung von Zinseinkommen

Dieses hier in seiner einfachsten Form dargestellte Modell wird nun für die wirtschaftspolitische Interpretation auf die Frage der Besteuerung von Zinseinkommen angewendet. Werden Zinseinkommen besteuert, so sinkt der (Netto-Zinssatz) für die Ersparnisse und mit diesem das für zukünftigen Konsum zur Verfügung stehende Einkommen. Dadurch dreht sich die intertemporale Budgetgerade im Punkt W nach links (Abbildung 2). Der Punkt W selbst verändert sich nicht, weil er den jeweils vollständigen Konsum des laufenden Periodeneinkommens beschreibt und folglich keine Ersparnisse und keine Zinseinkommen auftreten.

Die Drehung der Budgetbeschränkung rechts vom Punkt W erklärt sich aus der in den USA zumindest teilweisen steuerlichen Absetzbarkeit von Kreditzinsen. Wie bereits im vorhergehenden Abschnitt kann dieser Teil der Überlegungen unberücksichtigt bleiben.

Abbildung 2a: Zinseinkommensbesteuerung: Dominanz des Einkommenseffektes

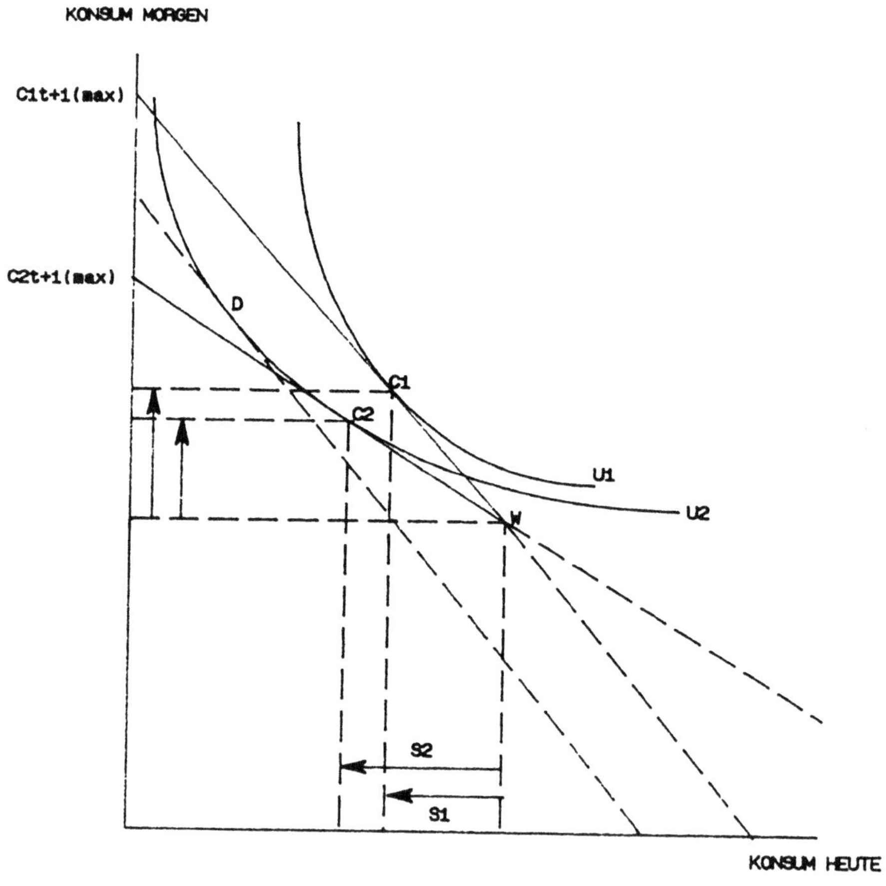

Abbildung 2b: Zinseinkommensbesteuerung: Dominanz des Substitutionseffektes

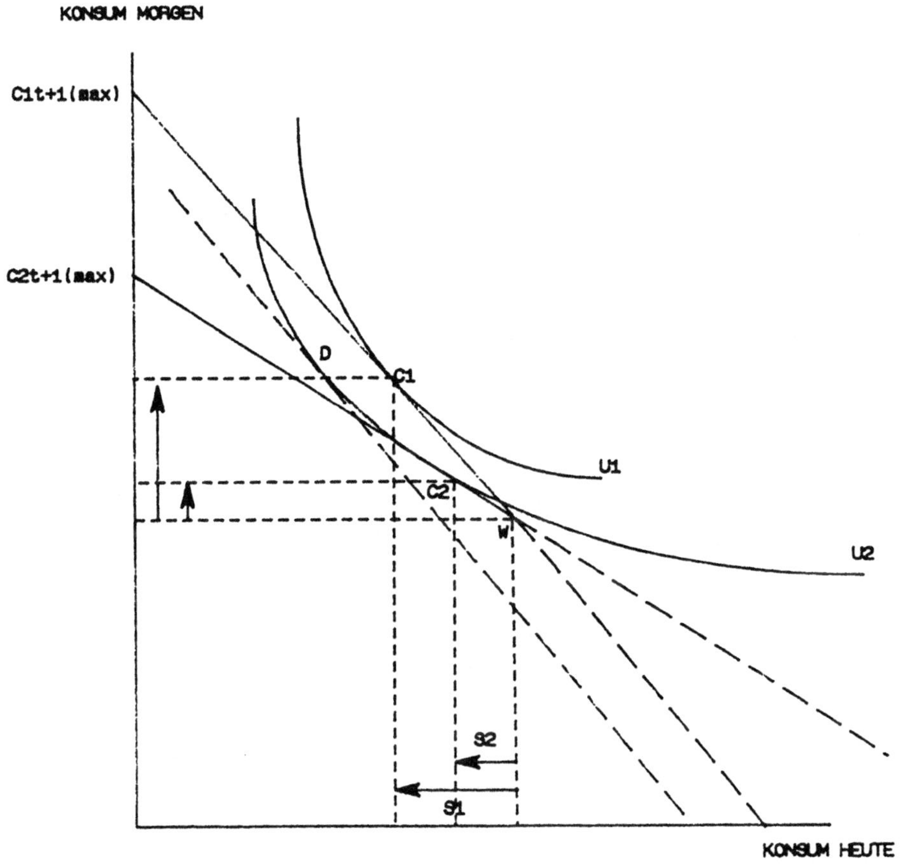

Der durch die Drehung der intertemporalen Budgetgeraden bestimmte Gesamteffekt einer Zinsenbesteuerung bzw. Besteuerung von Zinseinkommen besteht in einem Nutzenverlust des Konsumenten. Die Budgetbeschränkung nach Besteuerung ermöglicht nur mehr die Erreichung einer Indifferenzkurve niedrigeren Nutzeniveaus. Der Nutzenverlust ergibt sich aus den durch das niedrigere zukünftige (Zins-)Einkommen geringeren Konsummöglichkeiten. Er betrifft aber nur Konsumenten mit einer Ersparnis größer 0. Wird die nutzenmaximale Position bereits vor Besteuerung bei einer Ersparnis von 0 ( = Punkt W) realisiert, so bleibt seine Position mit und ohne Zinsenbesteuerung unverändert.

Der intertemporale Gesamteffekt Nutzenverlust (C1C2 in Abbildung 2) läßt sich in eine Einkommens- und eine Substitutionskomponente zerlegen. Weil sich die intertemporale Einkommenssituation durch die Besteuerung der Zinseinkommens verschlechtert hat, wird der Haushalt sowohl seinen heutigen als auch seinen zukünftigen Konsum verringern ( = Einkommenseffekt, Parallelverschiebung der Budgetgeraden), d.h. ceteris paribus *mehr* sparen (C1F). Da aber gleichzeitig zukünftiger Konsum durch den gesunkenen Nettozinssatz weniger attraktiv geworden ist, wird eine Substitution zugunsten des Gegenwartskonsums die Folge sein (Substitutionseffekt, Bewegung entlang der Indifferenzkurve), d.h. ceteris paribus *weniger* sparen (FC2). Ob das Sparen insgesamt zu- oder abnimmt, hängt von der relativen Stärke der beiden gegenläufigen Effekte ab.

In Abbildung 2a ist die Konstellation bei Dominanz des Einkommenseffektes wiedergegeben. Die Ersparnis in Periode t nimmt von S1 auf S2 zu, der Konsum verringert sich in beiden Perioden. In Abbildung 2b dominiert der Substitionseffekt. Dort kommt es insgesamt zu einer Verlagerung zugunsten des Gegenwartskonsums, die Ersparnis sinkt. Der Konsumverlust in Periode t + 1 erweist sich als deutlich größer als der Mehrkonsum in Periode t. Das konkrete absolute Ausmaß des Substitutionseffektes ist durch die Substitionselastizität zwischen gegenwärtigem und zukünftigem Konsum in Abhängigkeit von Veränderungen des Zinssatzes gegeben.

### 4.2.3 Wirkungsanalyse der Sparförderung

Die Wirkungsanalyse von Sparförderung unter Verwendung dieser Modellvorstellung stellt nun einfach eine Umkehrung der Besteuerungsanalyse dar. Jede Sparförderungsmaßnahme kann im Prinzip als Steuerbefreiung bzw. Steuerbegünstigung des Zinssatzes der betreffenden Veranlagung interpretiert werden. Das läßt sich an einem Beispiel, das dem System der amerikanischen IRA-Accounts nachgebildet ist, demonstrieren:

Ausgangspunkt der Analyse ist jetzt die intertemporale Budgetbeschränkung C2t+1W, die - analog zur vorhergehenden Darstellung - der Budgetbeschränkung C1t+1W nach Zinsenbesteuerung entspricht. Wird die Zinsenbesteuerung aufgehoben, dann gilt offensichtlich wieder die um den Punkt W nach rechts gedrehte Budgetgerade, die von nicht besteuerten Zinseinkommen ausgeht.

Als konkrete Sparförderungsmaßnahme wird nun die Steuerbefreiung des Zinseinkommens bis zu einem Maximalbetrag des Sparens SB unterstellt (Abbildung 3). Die Folge davon ist ein "Knick" der Budgetbeschränkung im Punkt V. Bis zum Maximalbetrag des steuerbefreiten Sparens gilt die Budgetgerade ohne Besteuerung (WV), ab dem Punkt V werden die weiteren Sparbeträge besteuert, folglich ist ab dort die Steigung (= der Netto-Zinssatz) der Budgetgeraden bei Besteuerung (C2W) relevant. Die Budgetbeschränkung nimmt so die Form (C2VW) an.

Betrachten wir nun anhand dieser Budgetbeschränkung die Konsequenzen der Einführung einer Sparförderungsmaßnahme, also die Konsequenzen des Übergangs von der Budgetgeraden mit vollständiger Zinsenbesteuerung (C2W) zur Budgetbeschränkung mit teilweiser Steuerbefreiung der Zinsen (C2VW). Unter der Bedingung eines Maximalbetrages an steuerbegünstigten Ersparnissen hängt im Marginalkalkül dieses Modells die konkrete Allokationsentscheidung von der Höhe der Ersparnisse ab.

Für Haushalte mit hoher Sparneigung (z.B. EH) bleibt der relevante marginale Netto-Zinssatz - die Steigung der Budgetbeschränkung - mit und ohne Sparförderung gleich. Für diesen Personenkreis kommt damit allein der Einkommenseffekt (EH EH1) zum tragen (mehr Konsum heute *und* morgen), es gibt aber keinen Substitutionseffekt (= kein mehr an Sparen). Nur bei Haushalten unter der maximal begünstigten Sparleistung SB (z.B. EN) exisitert auch ein Substitutionseffekt (EN EN1), der mehr Sparen heute für mehr Konsum morgen bedeutet.

Abbildung 3: Die Effekte einer Sparförderungsmaßnahme

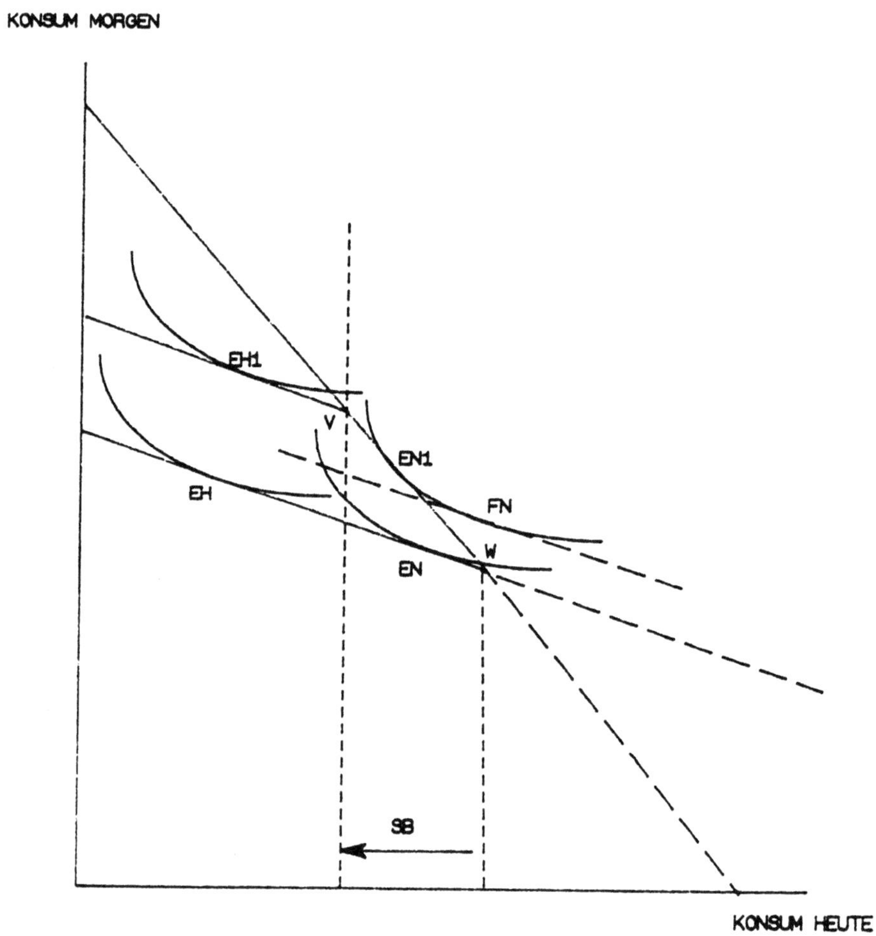

Selbstverständlich erreichen alle Sparer durch die Sparförderung ein höheres Gesamtniveau des intertemporalen Nutzens. Bei hoher Sparleistung geht dieser Nutzengewinn jedoch zur Gänze auf ein staatliches Transfergeschenk zurück, das überdies zur (erwünschten?) Erhöhung des Sparens nicht beiträgt. Aus der Sicht des fördernden Staates offenbar eine sehr ineffiziente und teure Maßnahme. Stiglitz (1986) beispielsweise kommt auf Basis einer derartigen Analyse zu einem ausgeprägt negativen Urteil hinsichtlich der Sinnhaftigkeit solcher und ähnlicher Maßnahmen zur Sparförderung.

### 4.2.4 Die Übertragung auf die Makroebene

Obwohl die Aggregationsbedingungen vom dargestellten Mikromodell zur gesamtwirtschaftlichen Makroebene bekanntermaßen bereits innerhalb des neoklassischen Rahmen äußerst restriktiv sind (Deaton/Muellbauer, 1980), stellt dieser Ansatz für eine Fülle makroorientierter empirischer Studien die Grundlage dar. Im Kern reduziert sich die relevante empirische Frage auf das Problem der Existenz eines - ausreichend großen - negativen Substitutionseffektes. Ansatzpunkt für die empirische Beurteilung ist dafür die Zinselastizität des Sparvolumens.

Mehr als in der Ökonomie normalerweise üblich scheint die empirische Evidenz zu dieser Frage konklusiv: Während zunächst beispielsweise Wright (1969) und Blinder (1975) vergleichsweise geringe Substitutionseffekte errechneten, fanden Boskin (1978), Hubbard (1984) und jüngst Venti/Wise (1987) relativ starke Effekte des Nettozinssatzes auf das Sparvolumen. Freilich gilt es dabei zu berücksichtigen, daß diese Ergebnisse aufgrund der instituionellen Unterschiede keinesfalls einfach zwischen verschiedenen Ländern übertragbar sind. (Vgl. für eine knappe Beurteilung der österreichischen Situation Winckler, 1987)

### 4.2.5 Portfolio-Wirkungen der Sparförderung

Im Rahmen des einfachen mikroökonomischen Modells der Portfolio-Selection (Tobin, 1965) für zwei Anlageformen - Geld und ein ertragbringendes Wertpapier - kann man den Kern der Wirkungsweise von Sparförderungsmaßnahmen auf die Portefeuillestruktur kurz zusammenfassen:

In Abbildung 4 mißt R den erwarteten Ertrag und Sigma ($\sigma$) - die Standardabweichung - das Risiko des Portefeuilles. Das gesamte Vermögen OW soll zwischen Geldhaltung M und verzinslicher Wertpapierveranlagung B optimal aufgeteilt werden. Die "Budgetbeschränkung" OA beschreibt den trade-off zwischen Risiko und erwartetem Ertrag, die Indifferenzkurve U des Anlegers legt seine nutzenmaximale Position fest.

Wiederum kann Sparförderung in diesem Rahmen allgemein als Umkehrung der Besteuerung des Zinssatzes aufgefaßt werden. Stellt P2 die nutzenmaximale Position bei Besteuerung des Zinssatzes (r-t) dar, so nimmt bei vollständiger Aufhebung der Zinsenbesteuerung (Steuersatz t = 0) der Anteil der Wertpapierveranlagung im Portefeuille zu (B2B1).

Geht man nun von einem maximal geförderten Anlagevolumen B aus, dann bleibt bis zu diesem Maximalbetrag die steuerfreie Budgetbeschränkung OV relevant, über dem Maximalbetrag gilt aber wieder die Steigung der besteuerten (= nicht geförderten) Budgetgerade (VA3). Wie man aus den in Abbildung 5 beispielhaft dargestellten Varianten erkennt, hängt die Wirksamkeit der Sparförderung auf die Portfoliostruktur entscheidend vom Ausmaß des maximal geförderten Anlagevolumens B ab. War in der Ausgangsposition der Umfang der Wertpapierveranlagung größer als B (P2), so bleibt die Zusammensetzung des Portefeuilles unverändert (P3).[1] Liegt der Ausgangspunkt unterhalb der Maximalgrenze (P2'), so nimmt der Anteil an geförderten Wertpapieren im Portefeuille zu (P3').

Übertragen auf die in Österreich zweifellos eher hoch gelegenen Begünstigungsgrenzen kann aus dieser Modellvorstellung ein Umschichtungseffekt der Sparförderung zu den geförderten Anlageformen erwartet werden.

---

1) Dies gilt, wenn vom "Einkommenseffekt" abgesehen wird, wie bei den Indifferenzkurven der Abbildung angenommen wird.

Abbildung 4: Sparförderung im Mikromoell der Portefolio-Selection

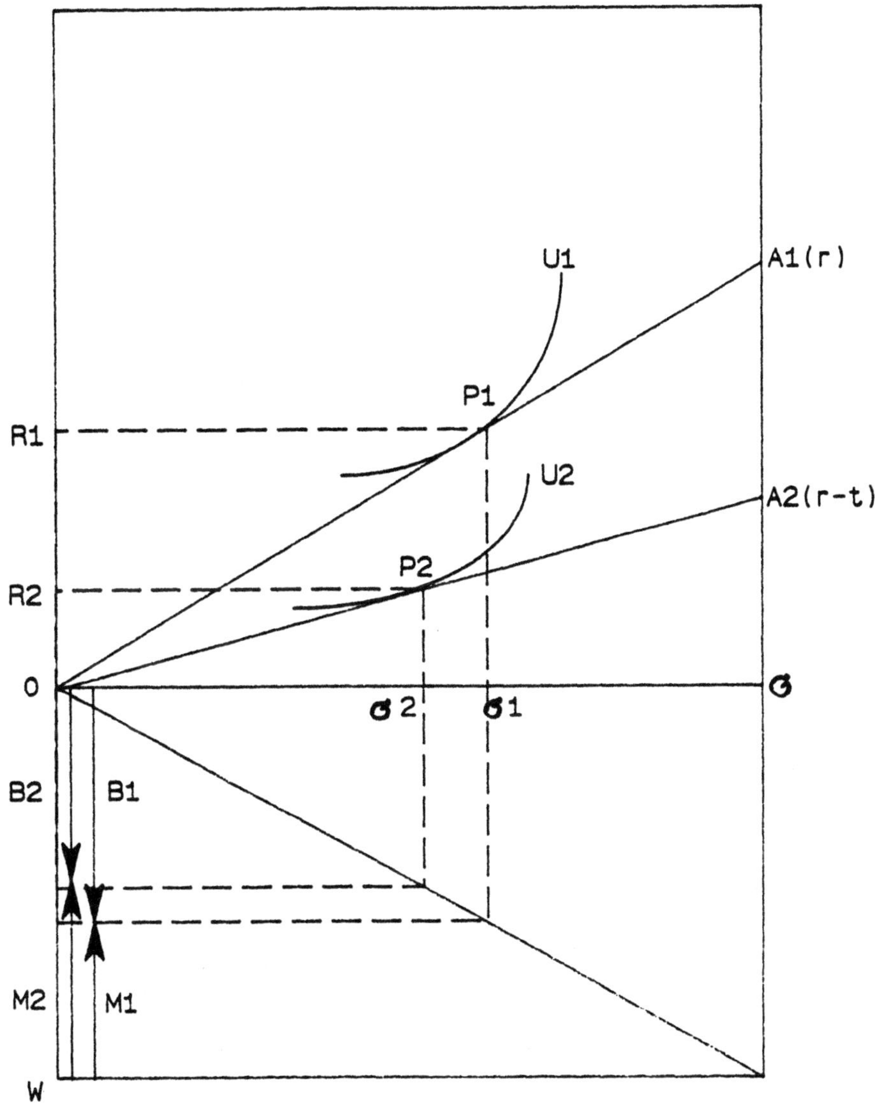

Abbildung 5: Maximales Förderungsvolumen und Portefolio-Wirkungen

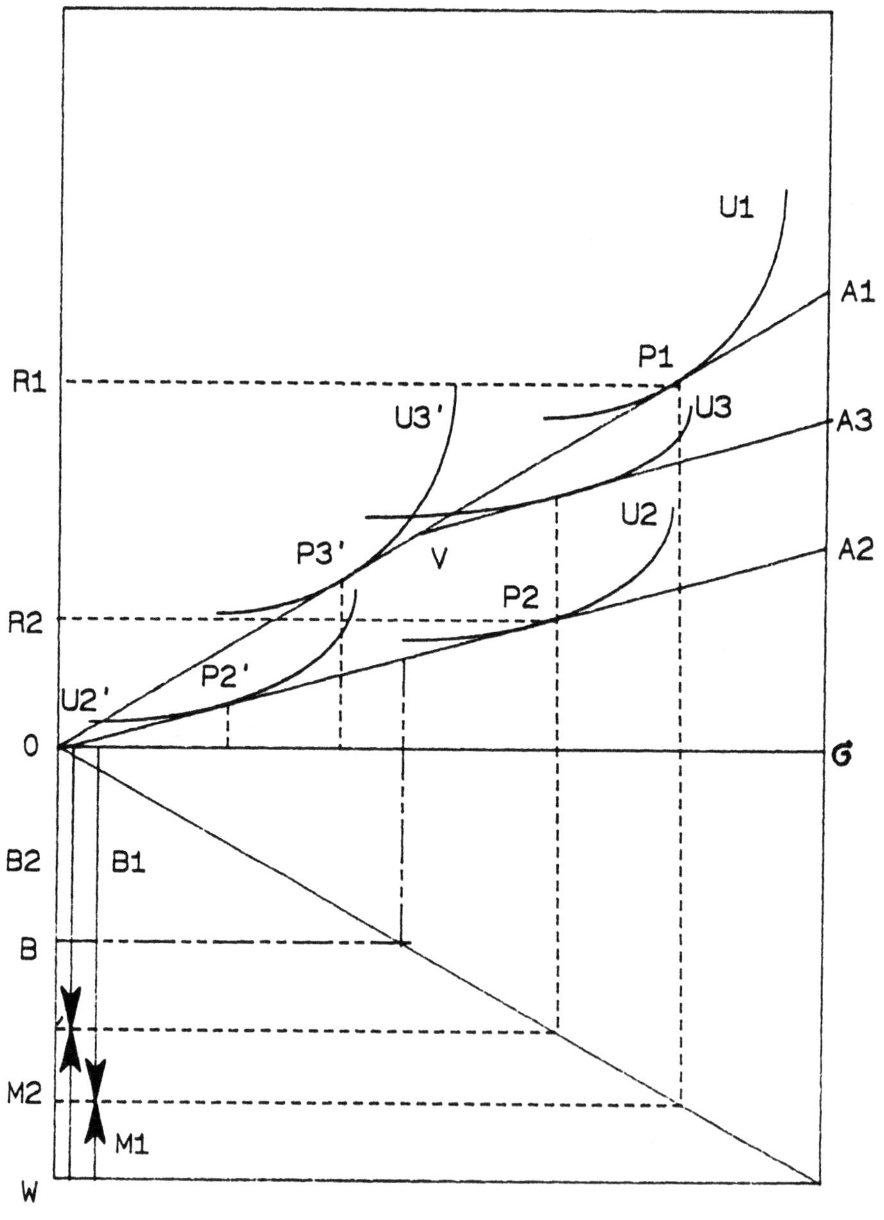

### *4.3 Einige Schlußfolgerungen für die österreichische Situation*

Es ist hier nicht beabsichtigt, auf die theoretische Kritik an diesem Modell und seine nur sehr eingeschränkte Eignung für empirische und speziell wirtschaftspolitische Aussagen einzugehen. Klar ist aber jedenfalls, daß es sich um ein Modell allein mikroökonomischer Entscheidungslogik handelt, das allein allokative Effekte beschreibt. Fragen des Einkommens*niveaus* und auch die im Rahmen konkreter Sparförderungsmaßnahmen oft im Vordergrund stehenden sozialpolitischen und verteilungspolitischen Überlegungen können im Rahmen dieses Modells nicht oder nur sehr unzureichend abgebildet werden.

Unter Berücksichtigung dieser Einschränkungen lassen sich aber auch aus der allokativorientierten Analyse dieses Modells einige wichtige Schlußfolgerungen für die österreichische Konstellation des Sparförderungssystems ableiten:

- Jede Sparförderungsmaßnahme kann als Beeinflussung des Netto-Zinssatzes verschiedener Formen von Finanzanlagen interpretiert werden.

- Ob davon aber eine Beeinflussung des gesamtwirtschaftlichen Sparvolumens ausgeht, ist nach den heute vorliegenden empirischen Ergebnissen zumindest umstritten.

- Demgegenüber ist unter Portfolio-Gesichtspunkten jedenfalls eine Beeinflussung der Struktur der Finanzveranlagung zugunsten geförderter Anlageformen zu erwarten.

- Die Betonung des Netto-Zinseffektes als Grundlage jeder Sparförderung macht klar, daß die de facto Nicht-Besteuerung von Zinseinkommen in Österreich *die* massive Basis-Sparförderungsmaßnahme darstellt.

- Diese umfassende Basis-Sparförderung wird kumulativ ergänzt durch direkte Prämienzahlungen (Bausparen) und die zusätzliche einkommensteuerliche Absetzbarkeit des Erwerbs bestimmter Formen von Finanzanlagen (Lebensversicherungen, junge Aktien/Genußscheine).

## 5. Der Umfang des geförderten privaten Geldvermögens

Mehrere Faktoren tragen dazu bei, daß eine quantitative Erfassung des Umfangs geförderter Formen der Finanzveranlagung in Österreich nur sehr mangelhaft möglich ist:

- Im Bereich der "offiziellen" Statistik stellt das Merkmal Sparförderung bzw. geförderte Finanzveranlagung kein umfassendes Gliederungsmerkmal dar;

- Die in der historischen Erfassung seit 1945 identifizierte Vielzahl an Sparförderungsmaßnahmen läßt nahezu für jedes einzelne Jahr ein anderes Bild des theoretisch förderbaren Veranlagungsvolumens entstehen;

- Die gegebene Vielfalt unterschiedlichster Förderungsformen erschwert die einfache Addition unterschiedlicher geförderter Veranlagungsformen;

- Bei einer Reihe von Sparförderungsmaßnahmen ist zu berücksichtigen, daß sie nur im Ausmaß ihrer tatsächlichen Nutzung wirksam werden. Sowohl die nicht völlige Ausschöpfung als auch die Überschreitung des maximal möglichen Förderungsrahmens sind dafür wesentlich. Über den konkreten Nutzungsgrad und seine Schwankungen im Zeitverlauf können auf empirischer Ebene lediglich Annahmen getroffen werden.

- Im Rahmen der steuerlichen Sparförderung (Sonderausgaben) variiert die Intensität der Förderung mit dem Grenzsteuersatz des Anlegers.

- Schließlich ist die in Österreich überaus bedeutende Rolle des (Basis-) Sparförderungseffektes zu berücksichtigen, der sich aus der de jure und de facto Steuerfreiheit des überwiegenden Teiles der Zinserträge ergibt.

Unter diesen Rahmenbedingungen lassen sich für die in dieser Studie intendierte Abschätzung des geförderten Teiles der privaten Finanzveranlagung in Österreich lediglich "empirische Indizien" erarbeiten. Ausgangspunkt dafür ist eine Schätzung des privaten Geldvermögens und seiner Zusammensetzung in Österreich.

### *5.1. Privates Geldvermögen und begünstigungsfähige Anlageformen*

Das private Geldvermögen in Österreich erreichte nach dieser Zusammenstellung (Mooslechner, 1987) per Jahresende 1986 ein Volumen von 1.493 Mrd öS. In seiner Zusammensetzung nach verschiedenen Veranlagungsformen dominieren - noch immer - die Einlagen bei Banken mit einem Anteil von mehr als 63%. Allerdings ist die relative Bedeutung der Bankeinlagen im Portefeuille des privaten Sektors seit 1975 (66,8%) doch zurückgegangen. Nur zu einem geringen Teil hat dazu aber die Kategorie Spareinlagen beitgetragen. Auf Spareinlagen - inklusive der geförderten Anlagen - entfallen 1986 mit 52,4% mehr als die Hälfte der gesamten privaten Finanzanlagen.

Mit einem Anteil von 14,6% nehmen festverzinsliche Wertpapiere den zweiten Rang in der Veranlagungshierarchie ein, auf Forderungen aus Lebensversicherungen entfallen 6,2% des privaten Geldvermögens.

Von den hier erfaßten Komponenten des privaten Geldvermögens können als begünstigungsfähige Veranlagungsformen für den Zeitraum der letzten 30 Jahre identifiziert werden:

- Spareinlagen mit den beiden Teilkomponenten Bauspareinlagen und Prämienspareinlagen

- Versicherungssparen als Finanzveranlagung in Forderungen gegen Versicherungen aus Lebensversicherungsverträgen;

- Wertpapierveranlagungen mit den drei Teilkomponenten festverzinsliche Wertpapiere, Aktien bzw. junge Aktien und Genußscheine.

Tabelle 1.: Die Zusammensetzung des privaten Geldvermögens[1] in Österreich 1986

| | Mrd.S | % | begünstigungsfähige Anlageformen und Förderungszeitraum |
|---|---|---|---|
| Banknoten und Scheidemünzen | 106,8 | 6,3 | |
| Einlagen bei Banken | 1071,6 | 63,3 | |
| Sichteinlage | 95,6 | 5,6 | |
| Termineinlagen | 70,6 | 4,2 | |
| Spareinlagen | 886,5 | 52,4 | *** Bausparen 1945 - |
| Fremdwährungseinlagen | 18,9 | 1,1 | Prämiensparen 1962 - 1980 |
| Wertpapiere | 254,8 | 15,0 | |
| festverzinsliche Wertpapiere | 247,2 | 14,6 | *** 1958 - 1979 |
| Bundesschatzscheine | 7,6 | 0,5 | |
| Forderungen gegen Lebensversicherungen | 105,7 | 6,2 | *** 1945 - |
| Investmentzertifikate | 20,8 | 1,2 | |
| Genußscheine | 8,2 | 0,5 | *** 1982 - |
| Aktienkapital | 42,6 | 2,5 | *** Kapitalerhöhungen 1973 - 1979<br>junge Aktien 1986 - |
| Partizipationsscheine | 2,8 | 0,2 | |
| Auslandsforderungen | 80,1 | 4,7 | |
| langfristig | 75,4 | 4,5 | |
| kurzfristig | 4,7 | 0,3 | |
| privates Geldvermögen insgesamt | 1693,4 | 100,0 | |

Quelle: Mooslechner 1987

1) Geldvermögen im Besitz von privaten Haushalten, Unternehmen (ohne Banken, Investmentfonds und Vertragsversicherungen) und Organisationen ohne Erwerbscharakter

Bedingt durch die unterschiedliche Qualität der empirischen Erfassung und durch die Verschiedenen Förderungsmaßnahmen erscheint diese Dreiteilung auch in analytischer Hinsicht vorteilhaft.

### 5.1.1 Förderung von Einlagen bei Banken: Bausparen und Prämiensparen

Bausparen und Prämiensparen zählen aufgrund ihres Charakters als direkte Forderungsposition gegen den Bankensektor zu den statistisch am besten zugänglichen Komponenten geförderten Geldvermögens. Zusätzlich bewirkt die beim Prämiensparen für den gesamten Zeitraum der staatlichen Förderungsregelung (1962 - 1980) und beim Bausparen ab 1973 gewählte Prämienvariante, daß Probleme der Nutzungsintensität keine Rolle spielen.

Die relative Entwicklung des Bausparens und des Prämiensparens innerhalb des gesamten Einlagevolumens bei Banken spiegelt sehr deutlich die unterschiedliche "Förderungskonjunktur" der verschiedenen Jahre wider. 1986 erreichen die Bauspareinlagen in Höhe von 94,5 Mrd öS einen Anteil an den gesamten Einlagen bei Banken von 8,1%. Das entspricht einem Anteil am privaten Geldvermögen von rund 5,6%. Ihr Anteil innerhalb der gesamten Einlagen bei Banken hat bis zu seinem Höchstwert im Jahr 1980 (10,4%) nahezu kontinuierlich zugenommen, das Volumen an Bauspareinlagen wuchs bis 1980 stets mit zweistelligen Zuwachsraten. Bedingt durch die 1980 wirksame Förderungseinschränkung und das steigende Zinsniveau für nichtgeförderte Veranlagungen verlor das Bausparen dann am Beginn der achtziger Jahre stark an Attraktivität. Ein Effekt, der erst durch das 1986/1987 niedrige gesamtwirtschaftliche Zinsniveau überwunden wurde.

Der Umfang an Prämienspareinlagen erreichte 1981, also im Jahr nach der Abschaffung seiner staatlichen Förderung, mit einem Anteil an den gesamten Einlagen von 5,8% seine größte Bedeutung. Gemessen am privaten Geldvermögen entsprach das einem Anteil von 4,6%. Seither hat es als nicht mehr staatlich geförderte Sparform - trotz Prämienbegünstigung durch die Banken - seine Attraktivität als Anlageform für den privaten Anleger fast zur Gänze eingebüßt. In absoluten Größen ist der Umfang der Prämienspareinlagen von 45,7 Mrd öS zu Jahresende 1981 bis 1986 auf 22,7 Mrd öS, also auf weniger als die Hälfte zurückgegangen. Gemessen an den Bauspareinlagen kommt das - nicht mehr staatlich geförderte - Prämiensparen heute auf etwas weniger als 1/4 des - staatlich geförderten - Bausparvolumens. 1981 entfiel auf das Prämiensparen immerhin mehr als 60% des Bausparvolumens.

Zusammengenommen erreichten Bausparen und Prämiensparen 1981 mit 15,6% den höchsten Anteil am Gesamtvolumen der Einlagen bei Banken. Am gesamten privaten Geldvermögen bedeutete das einen Anteil geförderter Einlagen von 11,2%. Dieser Anteil ist vor allem durch den Wegfall der staatlichen Förderung beim Prämiensparen bis 1986 auf 5,6% gesunken.

### 5.1.2 Förderung von Lebensversicherungen

Ein im österreichischen Sparförderungssystem seit 1945 traditionell wichtiges Element stellt die Förderung des Versicherungssparens im Rahmen der Sonderausgabenbestimmungen des Einkommensteuergesetzes dar. Von 1982 bis 1987 bestand zusätzlich die Möglichkeit des Erwerbs prämienbegünstigter Kapitalversicherungsverträge. Die Sonderausgabenregelung des Einkommensteuergesetzes bezieht sich in der derzeit geltenden Regelung allgemein auf Personenversicherungen, also auch auf Beiträge zu Kranken- und Unfallversicherungen. Aus der Perspektive des privaten Geldvermögens stellen aber die Forderungen aus Lebensversicherungen die eigentliche Sparförderungskomponente im Rahmen dieser Möglichkeit dar.

Innerhalb der Struktur des privaten Geldvermögens in Österreich nehmen die aushaftenden Forderungen aus Lebensversicherungsverträgen zu Jahresende 1986 einen Anteil von 6,2% ein. Verglichen mit der BRD (15,8%) erscheint dieser Anteil, trotz der dynamischen Entwicklung dieser Veranlagungsform in der jüngeren Vergangenheit, noch sehr gering. In Verbindung mit den bereits getroffenen und noch zu erwartenden Reformen im Bereich der Sozialversicherung legt das den Schluß nahe, daß die mit dem Abschluß von Lebensversicherungsverträgen verbundene Vorsorgekomponente in Zukunft zu den expansivsten Bereichen der Sparförderung zählen wird.

Hinsichtlich des Nutzungsgrades der steuerlichen Sparförderung im Bereich der Lebensversicherung stehen keine empirischen Anhaltspunkte zur Verfügung. Die Inanspruchnahme von Sonderausgaben im Abschnitt 5 der Lohnsteuerkarte kann nicht nach ihrer einkommensteuerlichen Begründung differenziert werden. Sie umfaßt daher die Geltendmachung von Versicherungsprämien ebenso wie z.B. die geltend gemachten Aufwendungen für Wohnraumbeschaffung. Vergleichsweise hohe Rahmenbeträge und die Kumulierung der individuellen Rahmen innerhalb der Familie lassen aber eine sehr hohe Förderungsquote der geleisteten Prämienzahlungen wahrscheinlich erscheinen.

### 5.1.3 Förderung der Wertpapierveranlagung: Festverzinsliche Wertpapiere, Aktien und Genußscheine

*Festverzinsliche Wertpapiere*

Neben den an dieser Stelle nicht berücksichtigten Begünstigungen der Veranlagung in festverzinslichen Wertpapieren bezüglich der aus ihnen bezogenen Zinserträge und in vermögenssteuerlicher Hinsicht wurde der Wertpapiererwerb im Zeitraum 1958 bis 1979 durch Steuererstattungen in Form von Prämien gefördert. Über dieses Volumen gibt es quantitative Angaben der Oesterreichischen Kontrollbank von 1970 bis 1979, die durch Tilgungsannahmen bis in die Gegenwart verlängert werden können.

1979 - vor der Abschaffung der entsprechenden Förderungsmöglichkeit - erreichte der ausstehende Bestand steuerbegünstigt erworbener Rentenwerte mit 38,2 Mrd öS seinen Höchstwert. Das entspricht einem Anteil von 26,9% an den damals im Besitz des privaten Sektors befindlichen festverzinslichen Wertpapieren. 1986 dürfte das noch nicht getilgte Volumen steuerbegünstigt erworbener Wertpapiere noch geschätzte 20 Mrd öS betragen. Ihr Anteil am gesamten Wertpapierbesitz des privaten Sektors ist damit auf 8,23% zurückgegangen. In Relation zum privaten Geldvermögensbestand machten die geförderten Wertpapiere 1979 4,3% und 1986 1,2% aus.

*Aktien*

Zwischen 1973 und 1979 war der Erwerb von Aktien in die für festverzinsliche Wertpapiere geltende Prämienförderung einbezogen. Daten zum Umfang des in diesem Zeitraum geförderten Aktienerwerbes stehen zwar nicht nur Verfügung, auf den budgetären Kosten der gesamten Wertpapierförderung dieser Periode beruhende Schätzungen deuten jedoch darauf hin, daβ das Volumen eher gering gewesen sein muβ.

Vernachlässigt man daher die Aktienförderung dieses Zeitraumes, so verbleibt allein die 1986 erstmals wirksam gewordene Steuerbegünstigung für junge Aktien (von Industrieunternehmen) zu berücksichtigen. Nach Angaben der Girozentrale betrug das begünstigungsfähige Aktienemissionsvolumen 1986 knapp 3 Mrd öS, wovon rund 0,9 Mrd öS tatsächlich unter Inanspruchnahme der Sonderausgabenbegünstigung erworben sein dürfte. Per Jahresende 1986 stellen diese 0,9 Mrd öS somit den geförderten Bestand an Aktienkapital dar.

*Genußscheine*

Die seit 1982 bestehende Sonderausgabenförderung für den Erwerb von Genußscheinen stellt sicherlich den qualitativ und quantitativ wichtigsten Schritt der österreichischen Sparförderung in der jüngeren Vergangenheit dar. Die private Veranlagung in Genußscheinen erreichte mit Jahresende 1986 8,2 Mrd öS. Gemessen am gesamten privaten Geldvermögen ist der Anteil der Genußscheine mit 0,5% aber vergleichsweise gering, bezogen auf den Zuwachs des Geldvermögens seit Ende 1981 steigt die Bedeutung der Genußscheinveranlagung immerhin auf etwa 1,3%.

Hinsichtlich der Förderungsintensität von Genußscheinen deutet der Umfang des im Subventionsbericht angeführten Ausfalls an Einkommensteuer und die darauf aufbauende Überlegungen bei Winckler (1987) auf eine praktisch vollständige Inanspruchnahme der Förderungsmöglichkeiten beim Genußscheinerwerb hin.

## *5.2 Eine Schätzung des Umfangs staatlich geförderten privaten Geldvermögens in Österreich*

Aufbauend auf diesen Überlegungen zu den einzelnen Teilbereichen der am Erwerb von Finanzanlagen orientierten Sparförderung in Österreich kann nun eine Schätzung der Förderungsintensität des privaten Geldvermögens vorgenommen werden. Konkret wurden dazu der Bestand an Bauspareinlagen, Prämienspareinlagen (bis 1980), an Forderungen gegen Lebensversicherungen und an Genußscheinen als zur Gänze staatlich gefördert unterstellt. Bei festverzinslichen Wertpapieren wurden die Daten der Oesterreichischen Kontrollbank (bzw. die Fortschreibung von Szopo, 1987) über den geförderten Bestand an Wertpapieren verwendet, bei den jungen Aktien die Schätzung der Girozentrale für 1986.

Die Berechnungen lassen sich auf dieser Basis einigermaßen gut vergleichbar ab 1970 durchführen. Für die Stichjahre 1960 und 1965 wurden zusätzliche Vergleichswerte mit eher "illustrativem" Charakter geschätzt.

Es soll an dieser Stelle nochmals ausdrücklich hervorgehoben werden, daß die hier erfaßte Form der Förderungsintensität insofern nur einen Teilaspekt der Gesamtproblematik abbildet, als sie nur die Komponente der Erwerbsförderung abdeckt. Der möglicherweise unter den gegebenen institutionellen Bedingungen in Österreich viel wichtigere Aspekt der Ertragsförderung läßt sich in diese Schätzung nicht quantitativ einbauen. Er wird im Abschnitt zu den Kosten der österreichischen Sparförderung - soweit möglich - abgeschätzt.

Man kann sich in diesem Zusammenhang allerdings auch auf den Standpunkt zurückziehen, daß - mit Ausnahme der der Kapitalertragssteuer unterliegenden Veranlagungen - alle Finanzanlagen der selben "de facto" Ertragsförderung (= Nicht-Besteuerung) unterliegen.

Tabelle 2: Bedeutung geförderter Anlageformen im Rahmen des privaten Geldvermögens

| | gefördertes privates Geldvermögen | |
|---|---|---|
| | Mrd.öS | Anteil am gesamten privaten Geldvermögen in % |
| (1960) | 3,6 | 4,4 |
| (1965) | 9,8 | 6,8 |
| 1970 | 22,3 | 8,5 |
| 1971 | 28,1 | 9,3 |
| 1972 | 35,1 | 10,1 |
| 1973 | 48,1 | 12,2 |
| 1974 | 62,7 | 14,2 |
| 1975 | 80,5 | 15,6 |
| 1976 | 107,2 | 17,6 |
| 1977 | 112,8 | 16,6 |
| 1978 | 139,5 | 17,8 |
| 1979 | 166,8 | 18,8 |
| 1980 | 191,5 | 19,3 |
| 1981 | 163,1 | 14,9 |
| 1982 | 168,6 | 13,9 |
| 1983 | 180,6 | 13,7 |
| 1984 | 191,8 | 13,5 |
| 1985 | 206,0 | 13,4 |
| 1986 | 229,7 | 13,6 |

Quelle: eigene Zusammenstellung, teilweise geschätzt

In Summe machen die im gesamten privaten Geldvermögen zu Jahresende 1986 enthaltenen (erwerbs-)geförderten Anlageformen rund 230 Mrd. öS aus. Das entspricht einem Anteil von 13,6%. Innerhalb dieser Veranlagungen sind die Forderungen gegen Lebensversicherungen mit 105,7 Mrd öS die wichtigste Einzelkategorie. An zweiter Stelle folgen die Bauspareinlagen mit 94,5 Mrd öS vor dem "Restbestand" geförderter festverzinslicher Wertpapiere (20,4 Mrd. öS). Genußscheine (8,2 Mrd. öS) und junge Aktien (0,9 Mrd. öS) kommen zusammen nur auf etwa 4% des geförderten privaten Finanzanlagevolumens.

Langfristig gesehen hat der Anteil der geförderten Anlageformen am privaten Geldvermögen bis 1980 praktisch kontinuierlich auf 19,3% zugenommen. 1975 lag er bei 15,6%, 1970 erst bei 8,5%. (Die diesen Werten nicht völlig vergleichbaren Anteile für 1965 (6,8%) und 1960 (4,4%) liegen niedriger als die ab 1970 errechneten Anteile.) Im Gefolge der 1979/80 erfolgten Einschränkungen der staatlichen Sparförderung reduzierte sich dann der Förderungsanteil am Geldvermögensbestand bis 1985 vergleichsweise stark auf 13,4%. Erst 1986 war erstmals wieder eine geringfügige Zunahme auf 13,6% zu verzeichnen. Nur zum geringsten Teil geht dieser Anstieg aber auf die "neuen" Förderungsbereiche Genußscheine und junge Aktien zurück. Den größten Betrag dazu leisteten die "traditionellen" Anlageformen Bausparen und Lebensversicherungen.

Hinsichtlich der Struktur der geförderten Anlageformen erscheint interessant, daß seit 1984 die Forderungen gegen Lebensversicherungen die wichtigsten Einzelkomponenten sind. Zuvor hatten die Bauspareinlagen die Finanzanlagen in Lebensversicherungen übertroffen. 1970 beispielsweise entfielen auf den Bereich der Lebensversicherungen erst etwas mehr als 3/4 des Volumens der Bauspareinlagen, 1986 kommt das Bausparen nur mehr auf nicht ganz 90% der Lebensversicherungsforderungen. Eine Entwicklung, die dem theoretisch und auch wirtschaftspolitisch zu erwartenden Trend voll entspricht.

Tabelle 3: Strukturwandel im geförderten privaten Geldvermögen (in Mrd. öS)

| | Bauspar-einlagen | % | Prämienspar-einlagen | % | festver-zinsliche Wertpapie-re 1) | % | Lebensvers-verträge | % | Genuß-scheine | % | junge Aktien | % | gefördertes privates Geldver-mögen insgesamt (=100 %) |
|---|---|---|---|---|---|---|---|---|---|---|---|---|---|
| 1970 | 11,3 | 50,7 | 1,0 | 4,5 | 1,2 | 5,4 | 8,8 | 39,5 | - | | - | | 22,3 |
| 1971 | 13,4 | 47,7 | 1,3 | 4,6 | 3,3 | 11,7 | 10,1 | 35,9 | - | | - | | 28,1 |
| 1972 | 15,8 | 45,0 | 1,7 | 4,8 | 5,8 | 16,5 | 11,8 | 33,6 | - | | - | | 35,1 |
| 1973 | 21,1 | 43,9 | 5,0 | 10,4 | 7,7 | 16,0 | 14,3 | 29,7 | - | | - | | 48,1 |
| 1974 | 26,0 | 41,5 | 10,5 | 16,7 | 9,2 | 14,7 | 17,0 | 27,1 | - | | - | | 62,7 |
| 1975 | 31,3 | 38,9 | 16,9 | 21,0 | 12,1 | 15,0 | 20,2 | 25,1 | - | | - | | 80,5 |
| 1976 | 38,8 | 36,2 | 25,5 | 23,8 | 18,9 | 17,6 | 24,0 | 22,4 | - | | - | | 107,2 |
| 1977 | 42,8 | 37,9 | 18,5 | 16,4 | 25,7 | 22,8 | 25,8 | 22,9 | - | | - | | 112,8 |
| 1978 | 49,8 | 35,7 | 23,7 | 17,0 | 35,4 | 25,4 | 30,6 | 21,9 | - | | - | | 139,5 |
| 1979 | 62,9 | 37,7 | 28,7 | 17,2 | 38,3 | 23,0 | 36,9 | 22,1 | - | | - | | 166,8 |
| 1980 | 73,8 | 38,5 | 37,6 | 19,6 | 35,7 | 18,6 | 44,4 | 23,2 | - | | - | | 191,5 |
| 1981 | 76,8 | 47,1 | | - | 33,2 | 20,4 | 53,1 | 32,6 | - | | - | | 163,1 |
| 1982 | 75,6 | 44,8 | | - | 30,6 | 18,1 | 61,5 | 36,5 | 0,9 | 0,5 | - | | 168,6 |
| 1983 | 79,6 | 44,1 | | - | 28,1 | 15,6 | 71,0 | 39,3 | 1,9 | 1,1 | - | | 180,6 |
| 1984 | 81,2 | 42,3 | | - | 25,5 | 13,3 | 81,6 | 42,5 | 3,5 | 1,8 | - | | 191,8 |
| 1985 | 83,2 | 40,4 | | - | 23,0 | 11,2 | 92,9 | 45,1 | 6,9 | 3,3 | - | | 206,0 |
| 1986 | 94,5 | 41,1 | | - | 20,4 | 8,9 | 105,7 | 46,0 | 8,2 | 3,6 | 0,9 | 0,4 | 229,7 |

1) Bestand an prämiengeförderten festverzinslichen Wertpapieren

Quelle: eigene Zusammenstellung, teilweise geschätzt

## 6. Kosten der Sparförderung

Die Kosten der Sparförderung - insbesondere der Ertragsförderung durch Freibeträge bei Zinseinkommen und Steuerbefreiungen, sowie durch Steuerhinterziehung - lassen sich nur schwer abschätzen und den einzelnen Anlageformen zuordnen. Dennoch soll aufgrund der großen volumensmäßigen Bedeutung der Ertragsförderung innerhalb der Sparförderung ein diesbezüglicher Versuch in diesem Teil unternommen werden.

### *6.1. Die Kosten der Sparförderung für den Öffentlichen Sektor und den Bund*

Tabelle 1 gibt die Kosten der Sparförderung für den gesamten Öffentlichen Sektor (sämtliche Träger Öffentlichen Rechts) wieder. Die ausgewiesenen Zahlen - mit Ausnahme jener für Steuerhinterziehung - sind den Subventionsberichten und dem Förderungsbericht (1986) entnommen und basieren auf *Schätzungen* des Bundesministeriums Finanzen. Die ausgewiesenen Zahlen für Steuerhinterziehung von Zinseinkünften sind ebenfalls eine Schätzung, deren Berechnungsgrundlage dem Anhang dieses Teils zu entnehmen ist. Die Höhe des Steuerausfalls durch Hinterziehung von Zinseinkünften hängt entscheidend vom unterstellten Steuersatz ab. In Tabelle 1 sind die Höhe des Steuerausfalls durch Hinterziehung für einen Steuersatz von 20% und von 30% ausgewiesen. In diesen Zahlen sind auch Steuerbefreiungen, die im Subventions- bzw. Förderungsbericht nicht extra ausgewiesen sind, enthalten. Steuerbefreiungen werden für bestimmte Zinsen oder Ausschüttungen aus langfristigen Anlagen gewährt z.B. für gem. §107 EStG begünstigt angeschaffte festverzinsliche Wertpapiere oder ertragsgeförderte Sparprämien gem. §3 Z.31 und Z.32.

Winckler (1987) schätzt den Steuerausfall aus Steuerbefreiungen für 1984 und 1985 auf ca. 1 Mrd öS. Steuerbefreiungen fallen daher im Vergleich zur Steuerhinterziehung nicht wesentlich ins Gewicht.

Die Kosten der Sparförderung werden in Tabelle 4 in Kosten durch Prämienbegünstigung, Sonderausgabenbegünstigung, deren Summe die Kosten durch Erwerbsförderung sind, und in Kosten durch Freibetragsbegünstigung und Steuerhinterziehung, also legale und illegale Ertragsförderung unterteilt.

Tabelle 4: Kosten der Sparförderung für den gesamten öffentlichen Sektor (in Mrd öS)

| 2) | Prämienbegünstigung: Bausparen[3)] | Prämienbegünstigung: Prämiensparen | Prämienbegünstigung: Wertpapiersparen | Prämienbegünstigung: Kapitalversicherungssparen | Sonderausgabenbegünstigung: Versicherungssparen[4)] | Sonderausgabenbegünstigung: Genußscheine + junge Aktien | Begünstigung durch Freibeträge bei Zinseinkünften[4)5)] | Steuerhinterziehung von Zinseinkünften[6)] bei einem Steuersatz von 20% | (30%) |
|---|---|---|---|---|---|---|---|---|---|
| 1970 | . | 0.0 | 0.2 | - | . | - | . | . | . |
| 1971 | . | 0.0 | 0.2 | - | . | - | . | . | . |
| 1972 | . | 0.0 | 0.5 | - | . | - | . | . | . |
| 1973 | 1.5 | 0.1 | 0.5 | - | . | - | . | . | . |
| 1974 | 2.0 | 0.1 | 0.3 | - | . | - | . | . | . |
| 1975 | 2.2 | 0.3 | 0.6 | - | . | - | . | . | . |
| 1976 | 2.6 | 0.4 | 0.9 | - | . | - | . | . | . |
| 1977 | 3.0 | 0.8 | 1.0 | - | . | - | . | . | . |
| 1978 | 2.7 | 0.5 | 0.9 | - | 1.7 | - | 4.1 | . | . |
| 1979 | 3.0 | 0.6 | 0.5 | - | 1.8 | - | 4.5 | . | . |
| 1980 | 3.1 | 0.5 | - | - | 1.8 | - | 5.0 | . | . |
| 1981 | 2.8 | - | - | - | 1.8 | - | 5.5 | . | . |
| 1982 | 3.0 | - | - | 0.0 | 3.0 | 0.5 | 6.0 | . | . |
| 1983 | 2.8 | - | - | 0.1 | 4.0 | 0.9 | 6.5 | . | . |
| 1984 | 3.0 | - | - | 0.2 | 6.2 | 0.9 | 7.0 | 6.6 | (13.5) |
| 1985 | 3.1 | - | - | 0.4 | 7.6 | 1.7 | 7.5 | 7.9 | (15.6) |
| 1986 | 3.1 | - | - | 0.5 | 8.0 | 1.3 | 8.0 | 11.4 | (19.2) |

Quelle: Kitzmantel(1986), Subventionsbericht(div.Jg), Förderungsbericht(1986); 1) Budgetäre Ausgaben bzw. Steuerausfall brutto zugunsten privater Haushalte ohne vermögensteuerliche Begünstigungen 2) Zuordnung der ausgabenseitigen Begünstigungen nach dem Jahr der Budgetausgaben, bei steuerlichen Begünstigungen nach dem Jahr der Inanspruchnahme 3) Vor 1973 Sonderausgabenregelung im Rahmen der Einkommensteuer 4) Vor 1978 keine Schätzungen verfügbar; ab 1984 nicht völlig vergleichbare Daten des Förderungsberichtes 5) z.B. Freibeträge für Ausschüttungen von Genußscheinen und für Zinsen aus Wertpapieren und Spareinlagen 6) Einnahmenentfall aus nicht deklarierten Zinseinkünften (Tab.11), darin enthalten sind rund 1 Mrd.S Steuerbefreiungen (Winckler 1987)

Innerhalb der Kosten der Sparförderung durch *Prämienbegünstigung* dominieren jene für Bausparen. Die Entwicklung der Bausparprämien stagniert seit 1977 bei rund 3 Mrd. öS jährlich.

Die staatliche Sparförderung des Prämiensparens wurde 1980 ausgesetzt und betrug damals 0,5 Mrd öS. Die Prämienbegünstigung von Wertpapieren wurde 1979 abgeschafft und betrug damals 0,5 Mrd. öS. Prämienbegünstigtes Lebensversicherungssparen - die sogenannte Salcher-Polizze - stieg von 1982 bis 1986 kontinuierlich auf 0,5 Mrd öS an.

Während ausgabenseitige Begünstigungen nach dem Jahr der Budgetausgaben zugeordnet werden, werden steuerliche Begünstigungen (Sonderausgaben und Freibeträge) im Subventions- bzw. Förderungsbericht nach dem Jahr der Inanspruchnahme zugeordnet.

Die Kosten der Sonderausgabenbegünstigung lassen sich nur schätzen, da der Steuerausfall vor allem vom Grenzsteuersatz des jeweiligen Sparers abhängt. Sie steigen kontinuierlich an. Innerhalb der *Sonderausgaben* dominieren jene für Versicherungssparen. Sie weisen auch die höchste Steigerungsrate auf.[1] Eine Aufschlüsselung zwischen Lebensversicherungen und sonstigen Versicherungen ist nicht im Subventions- bzw. Förderungsbericht ausgewiesen. Nicht in die Tabelle aufgenommen wurden die Sonderausgaben für Wohnraumbeschaffung, die 1986 2 Mrd öS betrugen.

Die - neben der prämienbegünstigten Salcher Polizze - 1982 eingeführte Sonderausgabenbegünstigung von Genußscheinen (und 1985 von erstangeschafften jungen Aktien) hatte bis 1985 einen deutlichen Zuwachs von 0,5 Mrd öS auf 1985 1,7 Mrd öS. 1986 wirkt sich die Einschränkung der Abzugsfähigkeit der Genußscheine in einem Sinken des Steuerausfalls auf 1,3 Mrd öS aus.

Begünstigungen durch *Freibeträge* bei Zinseinkünften werden in den Subventionsberichten bzw. im Förderungsbericht nicht nach einzelnen Anlageformen aufgeschlüsselt. Daten über Steuerausfall durch die Inanspruchnahme von Freibeträgen sind erst seit 1978 ausgewiesen. Sie steigen - gemäß den Schätzungen des Subventionsberichtes bzw. Förderungsberichtes - kontinuierlich auf 1986 8 Mrd öS an. Freibeträge machen demnach rund 40% der legalen Sparförderung aus. *Steuerhinterziehung* (inklusive Steuerbefreiungen von rund 1

---

11) Die Kosten steigen, weil der Höchstbetrag bei steigender Inanspruchnahme nicht gekürzt wird und gleichzeitig Leute immer höhere Grenzsteuersätze aufweisen.

Mrd öS) - die illegale Sparförderung - ist mit 1986 11,4 Mrd öS (bzw. einem Steuersatz von 30% sogar 19,2 Mrd öS) die bedeutenste Sparförderungsform.

Während Tabelle 4 die Kosten der Sparförderung für sämtliche Träger öffentlichen Rechst ausweist, werden in Tabelle 5 die Kosten der Sparförderung für den Bund allein ausgewiesen. Dies deshalb, weil die Diskussion der "Budgetkonsolidierung" - derzeit im Sinne einer Senkung der Nettodefizitquote auf 2,5% zu verstehen - sich nur auf das Bundesbudget bezieht.

Die Daten sind - mit Ausnahme der Begünstigungen von Prämiensparen und der Steuerhinterziehung - den Subventionsberichten bzw. dem Förderungsbericht entnommen. Ausgaben für Prämiensparen wurden voll dem Bund zugezählt. Der Anteil des Bundes am Steuerausfall durch Hinterziehung wurde gemäß dem Anteil des Bundes an der Einkommensteuer im Finanzausgleich (42,33%) ermittelt.

Insgesamt läßt sich feststellen, daß Sparförderung für den Bund mit erheblichen Kosten verbunden ist. Faßt man ausgabenseitige und einnahmenmindernde Förderungen zusammen - indem man das Problem der unterschiedlichen zeitlichen Erfassung der Förderungen vernachlässig - ergeben sich 1986 für den Bund Kosten von 14,3 Mrd. öS. Der Bund ist aber an der Sparförderung insgesamt mit weniger als der Hälfte (44%) beteiligt.

Tabelle 5: Kosten der Sparförderung für den Bund (in Mrd öS)

| 2) | Prämienbegünstigung: Bausparen | Prämienbegünstigung: Prämiensparen | Prämienbegünstigung: Wertpapiersparen | Prämienbegünstigung: Kapitalversicherungssparen | Sonderausgabenbegünstigung: Versicherungssparen[3)] | Sonderausgabenbegünstigung: Genußscheine + junge Aktien | Begünstigung durch Freibeträge bei Zinseinkünften[4)] | Steuerhinterziehung von Zinseinkünften[5)] bei einem Steuersatz von 20% | Steuerhinterziehung von Zinseinkünften[5)] bei einem Steuersatz von (30%) |
|---|---|---|---|---|---|---|---|---|---|
| 1978 | 1.2 | 0.5 | 0.4 | - | 0.8 | - | 1.9 | . | . |
| 1979 | 1.4 | 0.6 | 0.2 | - | 0.8 | - | 2.1 | . | . |
| 1980 | 1.4 | 0.5 | - | - | 0.8 | - | 2.3 | . | . |
| 1981 | 1.3 | - | - | - | 0.8 | - | 2.5 | . | . |
| 1982 | 1.4 | - | - | 0.0 | 1.3 | 0.2 | 2.8 | . | . |
| 1983 | 1.3 | - | - | 0.0 | 1.7 | 0.4 | 3.0 | . | . |
| 1984 | 1.4 | - | - | 0.1 | 3.2 | 0.4 | 3.2 | 2.8 | (5.7) |
| 1985 | 1.4 | - | - | 0.2 | 3.4 | 0.8 | 3.4 | 3.3 | (6.6) |
| 1986 | 1.4 | - | - | 0.2 | 3.6 | 0.6 | 3.7 | 4.8 | (8.1) |

Quelle und Fußnoten 1) 2) siehe Tabelle 1 3) 1982 und 1983 geschätzt, da nicht getrennt von den Sonderausgaben für Wohnraumschaffung ausgewiesen, ab 1984 Daten lt. Förderungsbericht 4) z.B. Freibeträge für Ausschüttungen aus Genußscheinen, für Zinsen aus Wertpapieren und Spareinlagen 5) Steuerhinterziehung insgesamt mal Anteil des Bundes an der Einkommensteuer gemäß Finanzausgleich (42.33%)

*6.2 Budgetbelastung durch Sparförderung*

In Tabelle 6 ist die Belastung des öffentlichen Sektors und des Bundes allein durch Sparförderung angeführt. Da Sparförderung teilweise ausgabenseitig und teilweise einnahmenmindernd erfolgt, ist es nicht sinnvoll, sie auf die Gesamteinnahmen oder -ausgaben zu beziehen. Vielmehr wurde als Bezugsgröße die Neuverschuldung gewählt. Für den gesamten öffentlichen Sektor (Bund, Länder und Gemeinden), wurde als Indikator hiefür die Veränderung des Finanzschuldenstandes gewählt. Diese unterscheidet sich vom Nettodefizit (Neuverschuldung) durch Bewertungsänderungen der Finanzschulden.

Da die Kosten der Sparförderung - sowohl ausgabenseitiger als auch einnahmenseitiger - im Jahr der Budgetwirksamkeit (Ausgabe bzw. steuerliche Inanspruchnahme) erfaßt sind, scheint der Indikator Kosten der Sparförderung in Prozent der Neuverschuldung sinnvoll für die Erfassung der Budgetbelastung des öffentlichen Sektors bzw. des Bundes durch Sparförderung.

Tabelle 6 weist die Summe der ausgaben- und einnahmenseitigen Kosten der Sparförderung für den öffentlichen Sektor und für den Bund in Mrd öS aus. Die Kosten der Sparförderung für den gesamten öffentlichen Sektor steigen von 1978 9,9 Mrd öS auf 1986 20,9 Mrd öS. Bezieht man auch die illegale Form der Sparförderung - die Steuerhinterziehung - ein (bei einem Steuersatz von 20%), betragen die Kosten 1986 sogar 32,3 Mrd öS für den gesamten öffentlichen Sektor. Die Kosten der Sparförderung für den Bund stiegen von 1978 4,8 Mrd öS auf 1986 9,5 Mrd öS. Inklusive Steuerhinterziehung betrugen sie 1986 14,3 Mrd öS.

Da die Kosten der Sparförderung kontinuierlich steigen, während die Neuverschuldung eine stark schwankende Größe ist, variiert der Anteil der Sparförderung an der Neuverschuldung erheblich. So etwa läßt sich der stark gesunkene Anteil 1986 gegenüber 1985 aus den stark angestiegenen Nettodefiziten 1986 erklären. Im Durchschnitt 1978 bis 1986 wurden 24,5% der Neuverschuldung des öffentlichen Sektors nur für Sparförderung getätigt, d.h. rund jeder vierte Schilling neuer Schulden von Bund, Ländern und Gemeinden wurde für die Sparförderung aufgenommen. Bezieht man die Steuerhinterziehung mit ein, wurde 1985 fast jeder zweite Schilling der Neuverschuldung des öffentlichen Sektors (48,9%) und 1986 rund jeder dritte Schilling (31,1%) aus Gründen der Sparförderung getätigt.

Tabelle 6: Budgetbelastung durch Sparförderung

| Jahr | Kosten d. Sparförderung f. den Öffent. Sektor 1) in Mrd öS | Anteil der Sparförderung an der Neuverschuldung d. Öff. Sektors 2) in % | Kosten d. Sparförderung f. den Bund in Mrd öS | Anteil d. Sparförderung am Nettodefizit des Bundes in % |
|---|---|---|---|---|
| 1978 | 9,9 | 21,6 | 4,8 | 13,6 |
| 1979 | 10,4 | 23,1 | 5,1 | 15,7 |
| 1980 | 10,4 | 26,2 | 5,0 | 17,1 |
| 1981 | 10,1 | 25,4 | 4,6 | 16,7 |
| 1982 | 12,5 | 22,0 | 5,7 | 12,2 |
| 1983 | 14,3 | 17,7 | 6,4 | 9,8 |
| 1984 | 17,3 (23,9) 3) | 29,4 (40,6) 3) | 8,3 (11,1) 3) | 14,4 (19,3) 3) |
| 1985 | 20,3 (28,2) | 35,2 (48,9) | 9,2 (12,5) | 15,2 (20,7) |
| 1986 4) | 20,9 (32,3) | 20,1 (31,1) | 9,5 (14,3) | 13,9 (20,9) |
| ∅ 1978-1986: | | 24,5 | | 14,3 |

1) Summe ausgaben- und einnahmenseitiger Sparförderungen ohne Steuerhinterziehung
2) Als Neuverschuldungsindikator wurde die Veränderung des Finanzschuldenstandes von Bund, Ländern und Gemeinden herangezogen.
3) Die in Klammer stehenden Werte geben die Kosten der Sparförderung bzw. deren Anteil an der Neuverschuldung inklusive dem Einnahmenentfalls aus deklarierten Zinseinkommen bei einem angenommenen Steuersatz von 20%.
4) Budgetvoranschlag

Quelle: Subventionsbericht div. Jg, Förderungsbericht (1986), Finanzschuldenberich der Österreichischen Postsparkasse 1987, Statistische Nachrichten 1/1988 und eigene Berechnungen.

1978 bis 1986 belastete die Sparförderung das Bundesbudget mit durchschnittliche 14,3%, d.h. rund jeder siebente Schilling der Neuverschuldung des Bundes wurde für Sparförderung aufgenommen. Bezieht man auch die Einnahmenentfälle durch Steuerhinterziehung ein, war es 1984 bis 1986 sogar rund jeder fünfte Schilling (20%) der Neuverschuldung des Bundes, der für Sparförderung aufgenommen wurde.

Insgesamt läßt sich feststellen, daß die Budgetbelastung des Bundes und des gesamten öffentlichen Sektors durch Sparförderungskosten nicht unerheblich ist.

### *6.3 Anteil der Sparförderung an der gesamten Förderung der Privaten Haushalte*

Tabelle 7 zeigt, daβ die Sparförderung einen bedeutenden Teil der Förderungen der privaten Haushalte durch Bund und gesamten Öffentlichen Sektor ausmacht. 1986 betrug der Anteil der Sparförderung an der gesamten Haushaltsförderung des Öffentlichen Sektors 22,4%, der Anteil der Sparförderung des Bundes an dessen Haushaltsförderung 2,6 %. D.h. rund jeden fünften Schilling aller Förderungen erhalten Haushalte in Form von legaler Sparförderung. Bezieht man auch die Steuerhinterziehung ein, ist der Anteil der Sparförderung an der Haushaltsförderung sogar rund 30%.

Tabelle 7: Anteil der Sparförderung an der Gesamten Förderung der Privaten Haushalte (in Prozent) [1)]

| Jahr | Anteil der Sparförderung des gesamte Öffentlichen Sektors an dessen Haushaltsförderung | Anteil der Sparförderung des Bundes an dessen Haushaltsführung |
|---|---|---|
| 1978 | 23,3 | 22,3 |
| 1979 | 23,1 | 22,5 |
| 1980 | 21,4 | 20,9 |
| 1981 | 18,7 | 17,3 |
| 1982 | 19,6 | 18,1 |
| 1983 | 21,5 | 20,3 |
| 1984 | 20,4 (28,2) [2)] | 19,9 (26,6) [2)] |
| 1985 | 22,7 (31,5) | 20,9 (28,3) |
| 1986 | 22,4 (32,3) | 20,6 (31,0) |

1) Indirekte Förderungen der privaten Haushalte und nicht an Gewinn orientierten Unternehmungen gemäβ Abgrenzung des Subventionsberichts bzw. Förderungsberichtes. Darin sind auch jene ausgabenseitigen Förderungen enthalten, die als Einnahmenminderung interpretiert werden. Die dirketen Förderungen der privaten Haushalte sind im Vergleich zu den indirekten Förderungen gering (1986: direkte Förderungen der privaten Haushalte 4,4 Mrd öS, indirekte Förderungen 93,5 Mrd öS) und wurden hier nicht berücksichtigt.
2) Die in Klammer stehenden Werte geben die Kosten der Sparförderung inklusive dem Einnahmenentfall aus nicht deklarierten Zinseinkünften bei einem Steuersatz von 20 Prozent in Prozent der indirekten Haushaltsförderung an.

Quelle: Subventionsbericht, div. Jg, Förderungsbericht und eigene Berechnungen

*6.4 Kosten der Sparförderung einzelner Anlageformen*

Während die Addition von ausgaben- und einnahmeseitigen Förderungen bisher relativ unproblematisch war, erschwert die unterschiedliche zeitliche Erfassung von ausgaben- und einnahmenseitiger Förderung die folgende Analyse. In Tabelle 8 und in den folgenden Tabellen wird nämlich bezug auf geförderte Volumina genommen. Dabei tritt das Problem auf, daβ z.B. ein gefördertes Asset in einem Jahr erworben wird aber z.B. erst im nächsten Jahr die Förderung steuerlich in Anspruch genommen wird. Da keine Daten über die Verzögerungen der Inanspruchnahme der Förderungen existieren, wird im folgenden unterstellt, daβ Erwerb des geförderten Assets und Inanspruchnahme der Förderung im selben Jahr erfolgen. Dies kann zu Verzerrungen der folgenden Resultate führen. Führt etwa steuerliche Förderung zu einer Erhöhung des Geldvermögens 1978, wird aber erst 1979 in Anspruch genommen, werden die Kosten der Sparförderung in Prozent des Geldvermögens 1978 unterschätzt, 1979 hingegen überschätzt. Derartige Verzerrungen gleichen sich aber im Zeitverlauf aus und stellen daher bei Längschnittbetrachtung kein sehr ernstes Problem dar. (Problematischer werden diese Verzerrungen in Tabelle 9 und 10 wo nur das Jahr 1986 analysiert wird.)

Tabelle 8: Kosten der Sparförderung in Prozent des privaten Geldvermögens [1]

| Jahr | Prozent |
|---|---|
| 1978 | 1,3 |
| 1979 | 1,1 |
| 1980 | 1,0 |
| 1981 | 0,9 |
| 1982 | 1,0 |
| 1983 | 1,1 |
| 1984 | 1,2 (1,7) [2] |
| 1985 | 1,3 (1,8) |
| 1986 | 1,2 (1,9) |

1) Sämtliche Komponenten der Sparförderung ohne Steuerhinterziehung von Zinseinkünften. Die Berechnung des privaten Geldvermögens erfolgte in Teil 5 und beinhaltet private Haushalte, Unternehmungen und Organisationen ohne Erwerbscharakter
2) Sparförderung inklusive Steuerhinterziehung von Zinseinkünften bei einem Steuersatz von 20%

Quelle: eigene Berechnungen

Tabelle 8 zeigt, daβ die legale Sparförderung 1978 bis 1986 über ein Prozent des privaten Geldvermögens betrug (inklusive Steuerhinterziehung sogar fast 2%). Unterstellt man eine durchschnittliche Verzinsung des privaten Geldvermögens von 5 Prozent, macht die Sparförderung damit immerhin eine Erhöhung der Effektivverzinsung von 20% aus.

Tabelle 9 versucht, sowohl Erwerbs- als auch Ertragsförderung des privaten Geldvermögens den einzelnen Anlageformen für 1986 zuzuordenen. Auf die Problematik der unterschiedlichen zeitlichen Erfassung - dem Auseinanderfallen von Erwerb eines geförderten Assets und Inanspruchnahme der Förderung - wurde bereits hingeweisen.

Während die Erwerbsförderung - mit Ausnahme des zeitlichen Auseinanderfallens von Erwerb von Forderungen gegenüber Lebensversicherungen und von Genuβscheinen und deren Geltendmachung als Sonderausgaben, sowie der Schätzung wieviel der Sonderausgaben für Versicherungen auf Lebensversicherungen entfallen (5 Mrd öS der 8 Mrd öS Sonderausgaben für Versicherungen) - noch relativ unproblematisch zuordenbar ist, kann die Zuordnung der Ertragsförderung auf einzelne Anlageformen nur als Versuch einer Zuordnung gewertet werden. Abgesehen davon, daβ der Steuerausfall aus Freibeträgen bereits nur eine Schätzung ist, muβ auch noch ein Krieterium gefunden werden, auf welche der gesetzlich geförderten möglichen Anlageformen der Freibetrag geltend gemacht wird. Ferner beinhaltet das private Geldvermögen auch das Geldvermögen von Unternehmungen, während die Sparförderung nur privaten Haushalten zukommt.

Tabelle 9 weist in der ersten Spalte das Volumen der einzelnen Anlageformen des privaten Geldvermögens von Haushalten und Unternehmungen sowie Organisationen ohne Erwerbscharakter aus. Diese sind bereits in Teil 5 angeführt worden. Zunächst wurden die Zinseinkommen für die einzelnen Anlageformen geschätzt. Hiefür wurden Durchschnittszinssätze wie folgt angenommen:

| Anlageform | Zinssatz | Zinseinkommen (= Zinssatz mal Volumen) (in Mrd) | |
|---|---|---|---|
| Sichteinlagen d. Haush. | 0,5 | 0,2 | Ann: 32 Mrd Sichteinl. |
| Termineinlagen | 5,0 (3-Monatszins) | 3,5 | |
| Bausparen | 3,5 (verschiedene Formen 0 ohne Prämie) | 3,3 | |
| Prämiensparen | 6,0 (OeNB-Mitteilung) | 1,4 | |
| Spareinlagen mit gesetzlicher Kündigungsfrist | 3,5 (Eckzins) | 6,5 | |
| Sonstige Spareinlagen | 4,75 | 27,7 | |
| Wertpapiere | 7,3 (Sekundärmarktrendite) | 18,0 | |
| Investmentzertifikate | 7,25 | 1,5 | |
| Genußscheine | 4,5 | 0,4 | |
| Wertpapiere Ausland | 7,0 | 2,3 | |

Den anderen Anlageformen wurden keine Zinseinkommen zugewiesen, weil sie entweder keine Verzinsung aufweisen (Banknoten und Scheidemünzen), vorwiegend von Unternehmungen gehalten werden (rund 2/3 der Sichteinlagen, Fremdwährungseinlagen, Bundesschatzscheine) und somit für die Inanspruchnahme von Freibeträgen nicht in Frage kommen.

Nun wurde angenommen, daß ein repräsentatives Portefeuille eines privaten Haushaltes ebenso wie das private Geldvermögen (ohne vorwiegend von Unternehmungen gehaltene Assets) strukturiert ist. Die Anteile der Zinseinkommen aus den einzelnen Anlageformen am Gesamtzinseinkommen des privaten Haushaltes entsprechen Anlageformen des gesamten Geldvermögens am Gesamtzinseinkommen der Privaten. Ein repräsentativer Anleger hat nun die Wahl, Freibeträge für beliebige (geförderte) Anlagen geltend zu machen. Im Rahmen der zulässigen Inanspruchnahmen müßte er eigentlich indifferent sein. Daher wird im folgenden angenommen, daß er die Freibeträge *gleichmäßig* in Anspruch nimmt. Der Steuerausfall durch die Inanspruchnahme von Freibeträgen in der Höhe von 8 Mrd öS wurde daher ebenfalls gemäß den Anteilen der Zinseinkommen aus den verschiedenen Anlageformen am Gesamtzinsaufkommen den einzelnen Anlageformen zugeordnet. "0" bedeutet in Tabelle 9, daß die Inanspruchnahme des Freibetrags zwar positiv, aber erst hinter der ersten Kommastelle aufscheint. "-" bedeutet, daß keine Inanspruchnahme von Freibeträgen möglich ist.

Tabelle 9: Versuch einer Schätzung der Sparförderung des privaten Geldvermögens 1986 nach einzelnen Anlageformen (in Mrd öS)

| Anlageform | Volumen | Erwerbsförderung: Prämienbegünstigung | Erwerbsförderung: Sonderausgaben[2)] | Ertragsförderung: Freibeträge | Ertragsförderung: Steuerhinterziehung[1)] |
|---|---|---|---|---|---|
| Banknoten und Scheidemünzen | 106.8 | - | - | - | - |
| Einlagen bei Banken | | | | | |
| Sichteinlagen | 95.6 | - | - | 0.0 | 0.0 |
| Termineinlagen | 70.6 | - | - | 0.5 | 0.7 |
| Spareinlagen | | | | | |
| Bausparen | 94.5 | 3.1 | - | 0.5 | 0.0 |
| Prämiensparen | 22.6 | - | - | 0.2 | 0.0 |
| Spareinlagen mit gesetzl. Kündigungsfrist | 185.9 | - | - | 0.8 | 1.2 |
| sonst. Spareinlagen | 583.5 | - | - | 3.3 | 5.3 |
| Fremdwährungseinlagen | 18.9 | - | - | 0.0 | 0.0 |
| Wertpapiere | | | | | |
| festverz. Wertpapiere | 247.2 | - | - | 2.1 | 3.4 |
| Bundesschatzscheine | 7.6 | - | - | - | - |
| Forderungen gegen Lebensversicherungen | 105.7 | 0.5 | 5.0 | - | - |
| Investmentzertifikate | 20.8 | - | - | 0.2 | 0.3[3)] |
| Genußscheine + jg.Aktien | 9.1 | - | 1.3 | 0.1 | 0.1[4)] |
| Aktienkapital | 41.7 | - | - | 0.0 | - |
| Partizipationsscheine | 2.8 | - | - | 0.0 | - |
| Auslandsforderungen | | | | | |
| Wertpapiere | 33.0 | - | - | 0.3 | 0.4 |
| sonstige Auslandsford. | 47.1 | - | - | - | - |
| Summe | 1693.4 | 3.6 | 6.3 | 8.0 | 11.4 |

Quelle: Kapitel 5+6, OeNB-Mitteilungen 3/1987, Die Wiener Börse 1986, Förderungsbericht(1986), eigene Schätzungen; 1) Winckler(1987) schätzt die Steuerbefreiungen für 1985 auf 1 Mrd.S (Annahme Steuersatz 20%) 2) ohne 2 Mrd.S für Wohnraumschaffung und geschätzter 3 Mrd.S für sonstige Versicherungen 3) nur Zinserträge für Rentenfonds 4) Steuerbefreiung

Tabelle 10: Versuch einer Schätzung der Kosten der Sparförderung pro geförderter Anlageform 1986

| Anlageform | gefördertes Volumen (in Mrd.S) | Kosten der Förderung ohne Steuerhinterziehung (in Mrd.S) | Kosten/ Volumen (in %) | Kosten der Förderung mit Steuerhinterziehung[1] (in Mrd.S) | Gesamtkosten/ Volumen (in %) |
|---|---|---|---|---|---|
| A) Erwerbs- und ertragsgeförderte Anlageformen | | | | | |
| Bausparen | 94.5 | 3.6 | 3.8 | 3.6 | 3.8 |
| Forderungen gegen Lebensversicherungen | 105.7 | 5.5 | 5.2 | 5.5 | 5.2 |
| Genußscheine+jg.Aktien | 9.1 | 1.4 | 15.4 | 1.5 | 16.5 |
| Summe A[2] | 209.3 | 10.5 | 5.0 | 10.6 | 5.1 |
| B) nur ertragsgeförderte Anlageformen | | | | | |
| Termin- und Spareinlagen ohne Bausparen | 862.6 | 4.8 | 0.6 | 12.0 | 1.4 |
| festverz.Wertpapiere | 247.2 | 2.1 | 0.8 | 5.5 | 2.2 |
| Investmentzertifikate | 20.8 | 0.2 | 1.0 | 0.5 | 2.4 |
| Partizipationsscheine | 2.8 | 0.0 | 0.0 | 0.0 | 0.0 |
| festverz.Wertpapiere in Fremdwährung | 33.0 | 0.3 | 0.9 | 0.7 | 2.1 |
| Summe B | 1066.4 | 7.4 | 0.7 | 18.7 | 1.8 |
| Geförderte Anlageformen insgesamt | | | | | |
| Summe A+B | 1375.7 | 17.9 | 1.3 | 29.3 | 2.1 |

1) bei einem Steuersatz von 20% inkl.Steuerbefreiungen von 20.4 Mrd.S 2) ohne bis 1979 erwerbsgeförderte Wertpapiere

Für die Aufteilung des Einnahmeentfalls aus Steuerhinterziehung und Steuerbefreiung wurde auf ähnliche Überlegungen wie beim Freibetrag zurückgegriffen. Dazu kommt aber noch das Kriterium der Anonymität. Es wurde angenommen, daß bei Bausparen und Prämiensparen aufgrund der nicht gegebenen Anonymität keine Steuerhinterziehung anfällt. Die Summe der restlichen Zinseinkommen wurde ermittelt, und die Steuerhinterziehung gemäß den Anteilen der Zinseinkünfte an dieser Summe aufgeteilt.

Tabelle 9 weist die so ermittelte Ertragsförderung und die Erwerbsförderung nach einzelnen Anlageformen auf. Aufgrund der mangelnden Datenlage, kann es sich dabei nur um einen Versuch handeln.

Tabelle 10 schließlich ordnet die Kosten der Sparförderung dem Volumen der einzelnen Anlageformen zu. Enthalten sind jene Anlageformen, die erwerbs- und ertragsgeförderten Formen beträgt 1986 209,3 Mrd öS. Im Gegensatz zum geförderten Volumen, das in Teil 5 ausgewiesen wird, enthält diese nicht die nur bis 1979 erwerbsgeförderten Wertpapiere von 20,4 Mrd öS. Diese wurden den ertragsgeförderten Formen zugezählt.

Aus Tabelle 10 ist ersichtlich, daß die Erwerbs- und Ertragsförderung 1986 10,5 Mrd öS ausmachte, während die Kosten für nur ertragsgeförderte Formen mit 7,4 Mrd öS nur knapp darunter liegen. Bezieht man auch die illegale Form der Ertragsförderung mit ein, gehen 18,7 Mrd öS - also rund zwei Drittel der Gesamtsumme der Sparförderung von 29,3 Mrd öS - für die Förderung nur ertragsgeförderter Sparformen auf. Die Erwerbsförderung (inklusive Ertragsförderung dieser Formen) ist dann mit rund 10,6 Mrd öS vergleichsweise gering.

Die Kosten der Sparförderung pro gefördertem Anlagevolumen (mit allen Einschränkungen der Zuordnung und des zeitlichen Auseinanderfallens von Erwerb und Inanspruchnahme der Förderung) sollen zeigen, wie teuer die Förderung einzelner Anlageformen im Vergleich zu anderen ist.

Ohne Einbeziehung von Steuerhinterziehung sind demnach *Genußscheine* und junge Aktien - also die Förderung der Aufbringung von Risikokapital die *teuerste* Sparförderung. Die Kosten der Sparförderung betragen 15,4% des geförderten Volumens. An zweiter Stelle rangiert die Sparförderung für Lebensversicherungen mit Kosten von 5,2% des geförderten Volumens, also die Sparförderung für Altersvorsorge. An dritter Stelle rangiert die Förderung von Bausparen mit Kosten von 3,8% des geförderten Volumens.

Die erwerbs- und ertragsgeförderten Anlageformen sind somit die teuersten Förderungen im Vergleich zum geförderten Volumen. Im (gewichteten) Durchschnitt betragen die Kosten der Sparförderung dieser Anlageformen 5% des Volumens.

Nur ertragsgeförderte Anlageformen weisen damit verglichen geringere Kosten auf. Im Durchschnitt Kosten von 0,7% des geförderten Volumens. Deutlich höher fallen diese aus, wenn man die Steuerhinterziehung mit einbezieht (Kosten von 1,8% des geförderten Volumens).

Unter Berücksichtigung der Gesamtkosten der Sparförderung (inklusive Steuerhinterziehung) läßt sich somit feststellen, daß erwerbs-(und ertrags-)geförderte Anlageformen durch eine Erhöhung der Effektivverzinsung dieser Anlageformen von durchschnittlich 5,1 Prozentpunkte gefördert werden. Nur ertragsgeförderte Anlageformen durch eine Erhöhung der Effektivverzinsung von 2,1 Prozentpunkte. Nur ertragsgeförderte Anlageformen erhalten demnach 2/3 der gesamten Sparförderung und rund die Hälfte der Förderung pro Volumen im Vergleich zu den erwerbsgeförderten Anlageformen.

*Anhang zu Teil 6*

Zum Steuerausfall aus der Nicht-Besteuerung von Zinseinkommen

Mehrfach wurde in der vorliegeden Studie bereits allgemein auf die überaus große Bedeutung der - de jure und de facto - Nicht-Besteuerung von Zinseinkommen im österreichischen System der Sparförderung hingewiesen. Davon wurden die Elemente der bewußten Ertragsförderung (= de jure Nicht-Besteuerung) im historisch-wirtschaftspolitischen Teil dargestellt. Für diese legale Komponente stehen auch quantitative Schätzungen des Steuerausfalls seit 1978 zur Verfügung (Kitzmantel, 1986).

Für die nicht-legale Komponente der de facto Nicht-Besteuerung lassen sich empirische Angaben aber nur äußerst schwierig machen. Die besondere ökonomische und analytische Bedeutung dieser Teilkomponente des Steuerausfalls rechtfertigten aber unserer Meinung nach - trotz erheblicher statistischer Probleme - derartige Schätzversuche.

Ausgangspunkt dafür ist die aus der periodenrichtigen Zuordnung des Zinsertragssteueraufkommens der Jahre 1984 bis 1986 hochgerechnete Bemessungsgrundlage (= ZESt-pflichtige Zinseinkommen). Diese Größe wurde um den Zinsertrag der vier wichtigsten Ausnahmebestimmungen der ZESt ergänzt, wobei die vor dem 1.1.1984 emittierten Wertpapiere erwartungsgemäß die größte Hinzurechnungsposition darstellen. Das so ermittelte Gesamtvolumen an Zinserträgen stellt eine plausible Untergrenze des tatsächlichen dar.

Von dieser Summe werden dann die Freibeträge für Zinseinkommen, das geschätzte Ausmaß der im Rahmen der Einkommensteuer tatsächlich versteuerten Zinseinkommen und ein geschätzter Unternehmensanteil (nicht Unternehmeranteil!) abgezogen. Unternehmen können sich hinsichtlich der ihnen aus (bilanzierten) Finanzanlagen zufließenden Zinseinkommen der ordnungsgemäßen Besteuerung nicht entziehen. Dieser Unternehmensanteil wurde entsprechend der von der Deutschen Bundesbank für die BRD publizierten Relation zwischen Zinseinkommen von Haushalten und Unternehmen angenommen (Deutsche Bundesbank, 1987).

Der nach Abzug dieser drei Positionen verbleibende Rest kann als der von den privaten Haushalten über die Freibeträge hinaus de facto nicht-versteuerte Zinseinkommensteil bezeichnet werden. Der Steueraussfall errechnet sich von diesem Umfang ausgehend unter Annahme eines Steuersatzes von 20% bzw. 30%.

Wie die Berechnungen für die Jahre 1984 bis 1986 zeigen, ist der durch die Nicht-Besteuerung von Zinserträgen verursachte Steuerausfall erheblich. Bei einem angenommenen Steuersatz von 20% erreicht er inklusive Freibetragsregelungen 1986 19,4 Mrd öS. Zieht man davon den geschätzten Steuerausfall durch Freibeträge von 8 Mrd öS ab, so verbleibt ein "Rest" (= Hinterziehung) von 11,4 Mrd öS. Bei einem Steuersatz von 30%, der im gegebenen österreichischen Steuersystem als realistischerer Grenzsteuersatz anzusehen ist, nimmt der Steuerausfall sehr stark zu. Inklusive Freibeträge errechnet sich dann ein Wert von 27,2 Mrd öS, abzüglich des Steuerausfalls aus Freibeträgen nähert sich der Fehlbetrag der 20 Mrd öS-Marke.

Tabelle 11: Schätzung des Steuerausfalls aus der Nicht-Besteuerung von Zinseinkommen (in Mrd. öS)

| | 1984 | 1985 | 1986 |
|---|---|---|---|
| aus dem ZESt-Aufkommen hochgerechnete Bemessungsgrundlage | 41,0 | 55,0 | 74,0 |
| + Zinseinkommen aus den wichtigsten ZESt-befreiten Anlageformen | | | |
| vor 1984 emittierte Wertpapiere | 37,5 | 33,7 | 29,2 |
| Bausparen | 2,8 | 2,9 | 3,3 |
| Genußscheine | 0,1 | 0,3 | 0,3 |
| Wertpapiere in Fremdwährung | 1,8 | 2,2 | 2,3 |
| Geschätztes Gesamtvolumen an Zinseinkommen | 83,2 | 94,1 | 109,1 |
| versteuert lt. ESt-Statistik | 2,7 | 3,0 | 3,5 |
| Unternehmensanteil | 12,3 | 14,1 | 14,9 |
| Rest = unversteuerter Haushaltsanteil an Zinseinkommen | 68,2 | 77,0 | 90,7 |
| Steuerausfall inkl. Freibeträge bei 20% Steuersatz | 13,6 | 15,4 | 18,1 |
| Steuerausfall ohne Freibeträge (= Hinterziehung) | 6,6 | 7,9 | 11,4 |
| Steuerausfall inkl. Freibeträge bei 30% Steuersatz | 20,5 | 23,1 | 27,2 |
| Steuerausfall ohne Freibeträge (= Hinterziehung) | 13,5 | 15,6 | 19,2 |

## 7. Schlußfolgerungen: Einige Bemerkungen zur Effizienz des Systems der Sparförderung in Österreich

Vielleicht mit Ausnahme der fünfziger Jahre, als Maßnahmen zur Sparförderung verständlicherweise ganz im Zeichen der Wachstumspolitik standen, läßt sich eine einigermaßen konsistente bzw. geschlossene Zielvorstellung des Systems der österreichischen Sparförderung nicht feststellen. Ähnlich wie bei dem mit der Sparförderung eng verflochtenen System der Einkommensbesteuerung bietet sich ab Ende der fünfziger Jahre vielmehr ein Bild der partiellen Erweiterungen und Anpassungen im Detail, die dann in Summe ein vergleichsweise kompliziertes und unüberschaubares System zur Folge hatten. Die der Sparförderung unterlegten wirtschaftspolitischen Zielsetzungen weiten sich bis zum (ersten) Förderungshöhepunkt im Jahr 1974 nahezu über das gesamte Spektrum möglicher Ziele aus. Eine auch nur schwerpunktmäßige Linie der Maßnahmen ist nicht festzustellen. Manchesmal fehlt in dieser Phase überhaupt eine explizite Zielsetzung.

In der Periode 1975 bis 1980 dominiert dann der fehlende budgetpolitische Spielraum die Sparförderung. Bedingt durch die stärkere Nutzung der breiten Palette an mögliche Begünstigungen gewinnen die geförderten Anlageformen noch bis 1980 stark an Bedeutung. Die umfangreichen Einschränkungen der Jahre 1979/1980 haben seither die Rolle der geförderten Veranlagungen wieder unter das Niveau des Jahres 1974 gedrückt. In den achtziger Jahren tritt zunächst mit der Förderung der Veranlagung in Risikokapital eine neue Zielsetzung auf, 1987 kommt es im Hinblick auf die Budgetsituation neuerlich zu Kürzungen.

Insgesamt macht es das historische Bild nicht gerade leicht, auch nur einigermaßen klare Schlußfolgerungen zur Zielorientierung der österreichischen Sparförderung zu ziehen. Zwei Schwerpunkte der gesamten Nachkriegszeit waren sicherlich die Wohnbauförderung (Bausparen) und die Förderung der Eigenvorsorge (Versicherungssparen).

In beiden Bereichen war die Förderung wenigstens durch Substitution anderer Anlageformen "erfolgreich". Diese Schlußfolgerung kann man eingeschränkt auch für die Risikokapitalförderung der achtziger Jahre (Genußscheine, junge Aktien) treffen. Vielleicht der wichtigste Effekt dieser Förderungsmaßnahmen betrifft die deutlich längeren Bindungsfristen dieser Anlageformen.

Praktisch nie unter wirtschaftspolitischen Zielvorstellungen thematisiert wurde bis in die Gegenwart der Bereich der Ertragsförderung, also der großzügigen Freibetragsregelungen, Steuerbefreiungen und der darüber hinausgehenden de facto Nicht-Besteuerung von Zinseinkommen. Dabei wurde offentlich vernachlässigt, daß die Ertragförderung gegenüber der Erwerbsförderung quantitativ die wichtigere Komponente darstellt.

* *fiskalisch-budgetär ein teures System*

In erster Linie wegen des Umfanges der Nicht-Besteuerung der Erträge muß das gesamte System der Sparförderung in rein fiskalisch-budgetärer Betrachtung auch als extrem teuer ung ineffizient beurteilt werden. Jede Förderungsmaßnahme, gleich welcher Zielsetzung, muß unter diesen Bedingungen zunächst den aus der Nicht-Besteuerung folgenden Förderungseffekt alternativer Anlageformen kompensieren, bevor der eigentliche Förderzweck - mit zusätzlichem Aufwand - erreicht werden kann. Daraus folgt eine doppelte Budgetbelastung, da die eigentlichen spezifischen Aufwendungen zur Sparförderung bereits auf dem umfangreichen Steuerausfall für die Zinseinkommen aufbauen. Im Gegensatz etwa zu den USA wird diese Komponente aber fast nie der Sparförderung zugerechnet und es wird auch die wirtschaftspolitische Problematik dieser Situation kaum diskutiert.

Während Prämienförderung in der wirtschaftspolitischen Diskussion stärker unter dem Kostenaspekt thematisiert wurde als Sonderausgabenbegünstigungen, ist bei Ertragsförderung dieses Kostenbewußtsein noch viel weniger oder überhaupt nicht vorhanden.

* *zweifelhafte Wachstumsperspektive*

Anhand vieler Einzelbeispiele auch der jüngeren Vergangenheit läßt sich der Eindruck belegen, daß Sparförderung als globales wirtschaftspolitisches Instrument immer noch in erster Linie unter dem Wachstumsaspekt gesehen wird. Das mag sicher für eine Zeit richtig gewesen sein, als die Problematik in der möglichst inflationsarmen Finanzierung eines notwendigen Investitionsvolumens bestand. Mit der Überwindung dieser historischen Situation hat auch die Sparförderung als isoliertes Instrument der Wachstumspolitik ihre Bedeutung verloren.

Theoretisch ist es im Rahmen neoklassicher Ansätze höchst zweifelhaft, ob Sparförderung überhaupt das Sparvolumen erhöhen wird. Viel eher dominiert der Portefeuille-Effekt, der (nur) eine Umlenkung der Veranlagung in die geförderten Anlageformen zur Folge hat.

Von diesem Differentialeffekt kann nur sehr eingeschränkt eine Wachstumswirkung erwartet werden.

Unter keynesianischer Interpretation wäre ein Effekt der Sparförderung auf das Sparvolumen überhaupt nicht anzustreben. Permanentes Investitionsdefizit und anhaltende Unterbeschäftigung lassen das Sparvolumen im Gegenteil als zu hoch erscheinen.

* *konjunkturelle Zielsetzungen unbedeutend*

Variationen der Sparförderung unter konjunkturellen Gesichtspunkten sind im allgemeinen nicht feststellbar. Insofern Ankänge an derartige Argumente auftreten, handelt es sich wohl eher um an die aktuelle Konjunktursituation angelehnte Zusatzerläuterungen. Theoretisch erscheint selbst in strikt keynesianischer Perspektive eine kurzfristige Variation des Instrumentariums und des Umfangs der Sparförderung gesamtwirtschaftlich wenig erfolgversprechend. Vermutlich könnten höchstens von Vorzieheffekten größere Wirkungen erwartet werden. Die bekannten Verzögerungsprobleme wirtschaftspolitischer Maßnahmen lassen aber selbst unter günstigsten Rahmenbedingungen einen erfolgreichen zyklischen Einsatz der Sparförderung kaum zu.

* *wichtige Verteilungsaspekte kaum thematisiert*

Einen wichtigen gesamtwirtschaftlichen Gesichtpunkt stellt sicherlich die Verteilungsperspektive dar, wobei diese Verteilungsaspekte ja für die Konjunktur- und Wachstumssituation nicht unbedeutend sind.

Stellt eine gleichmäßigere Einkommens- und Vermögensverteilung ein - in Österreich fast nicht thematisiertes - Ziel der Wirtschaftspolitik dar, so erscheint das österreichische Sparförderungssystem in keiner Weise geeignet, diesem Ziel näher zu kommen.

Unter den konkreten österreichischen Rahmenbedingungen hat das Gesamtsystem sparfördernde Maßnahmen einen klaren Umverteilungseffekt zugunsten der höheren Einkommensschichten zur Folge.

Zwei Gesichtspunkte sind es in erster Linie, die dieses negative Urteil unter Verteilungskriterien bedingen:

Die de facto und de jure Nicht-Besteuerung von Zinseinkommen führt zu einem steuerfreien Einkommens-Vermögensbildungs-Kreislauf, der einen klaren Bias zugunsten höherer Einkommen aufweist. Die höhere Sparquote bei höheren Einkommen führt in der ersten Runde dazu, daß die Bezieher höherer Einkommen die Maßnahmen der Erwerbsförderung in einem höheren Grad nutzen. Da die Erträg weitgehend nicht der Besteuerung zugeführt werden, steigt in der zweiten Runde das Nettoeinkommen dieser Gruppe stärker. Aus diesem höheren Nettoeinkommen kann in der dritten Runde wieder ein höheres Sparvolumen realisiert werden, wofür erneut die Möglichkeiten der Erwerbsförderung genutzt werden können. ... Selbst bei gleichem Ausgangseinkommen aber unterschiedlicher Sparquote ergeben sich unter diesen Bedingungen bereits nach wenigen Perioden relativ starke Ungleichheiten in der Nettoeinkommens- und Vermögensposition. Im Vergleich zwischen niedrigen und höheren Einkommen nimmt der auf diese Weise erzeugte Umverteilungseffekt nach oben erhebliche Ausmaße an.

Die vom Gesamtsystem der Sparförderung getragene Umverteilung nach oben wird in ihrer Intensität wesentlich von der über die Freibeträge hinausgehenden Nicht-Besteuerung von Zinserträgen und von der Kumulierungsmöglichkeit der einzelnen Förderungsarten bestimmt. Die vergleichsweise großzügigen Freibetragsregelungen für Zinseinkommen haben zur Folge, daß die - von der Anonymität der Veranlagung getragene - darüberhinausgehende Nicht-Besteuerung zur Gänge die hohe Finanzvermögenspositionen begünstigt. Da die Korrelation zwischen Vermögen und Einkommen sehr hoch ist, profitiert diese Gruppe im Rahmen des progressiven Tarifs der Einkommensbesteuerung zusätzlich. Gleichzeitig hat die Kombination aus Kumulierungsmöglichkeit und der aus der Individualbesteuerung folgenden familienbezogenen Mehrfachnutzung der einzelnen Förderungsinstrumente zur Folge, daß die relevante Einkommens"grenze" der Inanspruchnahme von Sparförderung außergewöhnlich hoch liegt. Selbst ohne Berücksichtigung der überhaupt nicht begrenzten de facto Nicht-Besteuerung von Zinseinkommen können es sich nur die allerwenigsten Österreicher *"leisten"*, die angebotenen Möglichkeiten der Sparförderung auch nur annähernd auszunützen.

Vergleichsweise günstig schneidet dabei noch das Bausparen (und das abgeschaffte Prämiensparen) ab, das aufgrund seiner Prämienförderung und der relativ gleichmäßig über die gesamte Bevölkerung verteilten Inanspruchnahme am ehesten keine negativen Verteilungseffeke nach sich zieht.

* *Wettbewerbsverzerrungen auf den Finanzmärkten*

Das österreichische Sparförderungssystem stellt einen massiven Eingriff in die Wettbewerbsverhältnisse auf Finanzmärkten dar. Einerseits durch Beeinflussung der Struktur der Effektivverzinsung der Anlageformen, andererseits durch Beeinflussung der Ertragsposition verschiedener Finanzintermediäre. Der Versuch der Verminderung von Wettbewerbsverzerrungen trug bedeutend zur Ausweitung - und damit Kostensteigerung - der Sparförderung bei.

* *umfassende Neugestaltung erforderlich*

Versucht man die Effizienz des österreichischen Systems der Sparförderung anhand des Kriteriums der Erreichung der gewünschten Zielsetzungen zu messen, so kann dem österreichischen Sparförderungssystem kein gutes Zeugnis ausgestellt werden. Es ist ein fiskalisch überaus teures System mit äußerst unsicheren Wirkungen auf das Sparvolumen und ausgeprägt negativen Verteilungskonsequenzen. Lediglich im Anreizeffekt zur Veranlagung in spezifischen Anlageformen lassen sich Verhaltensänderungen in die gewünschte Richtung feststellen. Nicht nur sind diese relativ geringen Effekte sehr teuer erkauft, sondern sie führen auch zur Wettbewerbsverzerrungen auf Finanzmärkten.

Das System der Sparförderung in Österreich bedarf dringend einer vollständigen Erneuerung, wobei folgende Punkte miteinbezogen werden sollten:

- Die Besteuerung von Zinseinkommen ist auf eine exekutierbare Basis zu stellen. Erst auf dieser Grundlage kann dann sinnvoll über die mit spezifischen Maßnahmen der Sparförderung anzustrebenden Ziele und die dafür geeignete Ausgestaltung der Instrumente gesprochen werden.

- Ökonomische Zielsetzungen der Sparförderung müssen explizit gemacht werden. Hiebei ist zu beachten, daß Sparförderung zur Erreichung makroökonomischer Zielsetzungen wie Wachstum, Verteilung und Konjunktur kaum erfolgversprechend ist. Hiefür sind andere wirtschaftspolitische Instrumente geeigneter und kostengünstiger.

- Sparförderung ist vor allem wirksam als Förderung bestimmter Anlageformen. Es zeigt sich ein starker Portefeuille-Effekt der Sparförderung. Insofern kann Sparförderung zur Erreichung soziapolitischer Zielsetzungen (Bausparen, Lebensversicherungen) wirksam sein. Doch auch hier ist ein Vergleich der Effizienz der Sparförderung zu alternativen Instrumenten vorzunehmen. Ferner ist die konkrete Ausgestaltung des derzeitigen Bauspar- und Lebensversicherungsförderungssystems zu überdenken.

- Die starken Portefeuille-Effekte der Sparförderung sind mit Eingriffen in die Wettbewerbsposition der Finanzintermediäre verbunden. Es gilt daher auch die Auswirkungen auf die Wettbewerbsposition auf Finanzmärkten (Anbieterstruktur) zu beachten.

- Nötig ist auch eine stärkere Transparenz der Kosten bzw. der Budgetbelastung durch Sparförderung. Kostenbewußtsein sollte nicht nur bezüglich Erwerbsförderung sondern auch bezüglich der Ertragsförderung bestehen. Das Kriterium der Kostentransparenz ist vor allem bei Prämiensparförderungsformen gegeben.

**8. Nachtrag: Sparförderung nach der Steuerreform 1988**

Die im Einkommensteuergesetz 1988 verwirklichte umfassende Reform des österreichischen Steuersystems ab 1.1.1989 enthält auch eine tiefgreifende Neugestaltung des Systems der Sparförderung. Die Intentionen dieser Umgestaltung folgen weitgehend der im Rahmen dieser Studie formulierten Kritik am historisch gewachsenen "System" der Sparförderung. In Summe führte die Steuerreform zu einer massiven Einschränkung des Ausmaßes/der budgetären Kosten der Sparförderung in Österreich.

Bereits 1987 erfolgten im Rahmen der Budgetkonsolidierungsmaßnahmen des Bundes wesentliche "Vorleistungen" in der Einschränkung der fiskalischen Kosten der Sparförderung. So wurde die Prämienbegünstigung des Bausparens von 13% auf 8% gekürzt, die Sonderausgabenhöchstbeträge für Genußscheine und junge Aktien von 40.000 öS auf 30.000 öS gesenkt und das Kapitalversicherungssparen ("Salcher-Polizze") als geförderte Anlageform ersatzlos abgeschafft.

Im Rahmen der *Erwerbsförderung* setzt die Steuerreform 1988 mit der Beseitigung der Kumulierungsmöglichkeit bei Sonderausgaben den wichtigsten Schritt. Anstelle der nach Anlageformen differenzierten und parallel ausnutzbaren einzelnen Sonderausgabenhöchstbeträge tritt ein gemeinsamer Sonderausgabenhöchstbetrag von 40.000 öS, der Zahlungen an Personenversicherungen und Pensionskassen, Ausgaben für Wohnraumschaffung und Wohnungsinstandsetzung sowie Ausgaben für die Anschaffung von Genußscheinen und jungen Aktien einschließt. Darüberhinaus werden von den im Rahmen des Höchstbetrages getätigten Aufwendungen lediglich die Hälfte - also maximal 20.000 öS bei einem Steuerpflichtigen - als das steuerpflichtige Einkommen vermindernd anerkannt.

Diese Neuregelung der Sonderausgaben verändert die Situation der Sparförderung in dreifacher Weise:

* Die Beseitigung der Kumulierungsmöglichkeit schränkt das potentielle Begünstigungsvolumen drastisch ein.

So konnte ein verheirateter Alleinverdiener mit 2 Kindern auf Basis der Regelung vor der Steuerreform maximal Sonderausgaben (ohne die auch nach der Steuerreform gesondert behandelten Ausgaben für Energiesparmaßnahmen) in folgender Höhe geltend machen:

| | Steuerpflichtiger | Ehepartner | Kinder | Insgesamt |
|---|---|---|---|---|
| Personenversicherungen | 11.000 | 11.000 | 11.000 | 33.000 |
| Wohnraumschaffung | 10.000 | 10.000 | 10.000 | 30.000 |
| Genußscheine/jg.Aktien | 30.000 | 30.000 | 20.000 | 80.000 |
| Insgesamt | 51.000 | 51.000 | 41.000 | 143.000 |

Ab 1989 verringert sich dieser Maximalbetrag auf 90.000 öS, wovon 40.000 öS auf den Steuerpflichtigen, 40.000 öS auf den Ehepartner und 10.000 öS auf die 2 Kinder zurückgehen. Vor allem für die Bezieher hoher Einkommen vermindern sich durch die nun gemeinsame und gesenkte Höchstbetragsgrenze die Möglichkeit, in die großzügigen Höchstbeträge für Genußscheine/junge Aktien hineinzuwachsen.

* Das Sparförderungselement im Rahmen der Sonderausgaben tritt in direkte Konkurrenz zu anderen Formen der begünstigten Mittelverwendung.

Durch den gemeinsamen Höchstbetrag werden verschiedenartige Verwendungsformen des Einkommens wettbewerbsneutral gleichermaßen steuerlich gefördert. Dem einzelnen Steuerpflichtigen wird die Möglichkeit eingeräumt, innerhalb dieser vom Gesetzgeber als förderungswürdig erachteten Ausgabenkategorien seine individuelle Struktur zu wählen. Vor allem kann dadurch die verteilungspolitisch bedenkliche Doppelförderung von Wohnraumschaffung und Finanzanlagen beschränkt werden. Für die Zukunft wird wesentlich sein, daß die "historische Vorbelastung" des Sonderausgabenhöchstbetrages durch bestehende Versicherungsverträge und Rückzahlungen für Wohnbauinvestitionen die Dynamik des Steuerausfalls erheblich dämpfen wird. Das traditionell wichtige Argument der Steuerersparnis wird dadurch für künftige Veranlagungen an Bedeutung verlieren.

* Die steuerliche Wirksamkeit von getätigten Sonderausgaben lediglich im halben Ausmaß senkt die "steuerliche" Rentabilität dieser Ausgaben nachhaltig.

Die bisher nur für Genußscheine geltende Einschränkung der steuerlichen Relevanz von Sonderausgabenhöchstbeträgen (75%) wird durch die Neuregelung mit dem verschärften Satz von 50% auf die gesamten Sonderausgaben ausgeweitet. Die steuerliche Wirksamkeit der Sonderausgaben wird damit zusätzlich zur Höchstbetragseinschränkung stark vermindert. Bedeutete für einen Spitzenverdiener mit dem höchsten Grenzsteuersatz der Kauf von jungen Aktien innerhalb des Sonderausgabenhöchstbetrages bis 1988 eine Steuerersparnis von 62% des Kaufbetrages, so vermindert sich dieser Steuergewinn durch die Hälfte-Anrechnung - bei einem durch die Steuerreform auf 50% gesenkten Spitzensteuersatz - ab 1989 auf 25%. Statt 6.200 öS Steuererstattung für 10.000 öS junge Aktien erhält er nur mehr 2.500 öS.

Auch die *Ertragsförderung* wurde im Zuge der grundlegenden Umgestaltung der Einkommensteuer stark gekürzt. An erster und wichtigster Stelle ist dabei die Einführung einer Kapitalertragsteuer (KESt) von 10% im Quellenabzugsverfahren auf praktisch alle Zinserträge zu nennen. Damit wurde ein erster wesentlicher Schritt zur Einschränkung der "Basis-Sparförderung" durch die de facto Nicht-Besteuerung von Zinseinkommen gesetzt. Parallel dazu wurden die Freibeträge und Steuerbefreiungen für Zinseinkommen aus Spareinlagen, festverzinslichen Wertpapieren, bestimmten Treuhandbeteiligungen und kapitalertragsteuerpflichtigen Einkünften (Dividenden) abgeschafft. Lediglich die Erträge aus begünstigt angeschafften Genußscheinen bzw. jungen Aktien bleiben weiterhin steuerfrei.

Der für Lohnsteuerpflichtige bestehende Freibetrag für "andere Einkünfte" von 10.000 öS, der praktisch einen zusätzlichen Freibetrag für Zinseinkommen darstellte, wurde in eine Freigrenze von 10.000 öS mit einer Freibetrags-Einschleifregelung für den Bereich zwischen 10.000 öS und 20.000 öS umgewandelt.

In Summe sollen diese ertragsbezogenen Veränderungen der steuerlichen Regelungen in erster Linie dazu dienen, trotz der in Österreich gegebenen Möglichkeiten zur anonymen Finanzveranlagung, die Besteuerung von Kapital- und Zinseinkommen an eine den übrigen Einkunftsarten vergleichbare Situation heranzuführen. 10% KESt-Steuersatz dienen dazu, die bisher kaum erfolgte Besteuerung dieser Einkommenskomponenten fiskalisch etwas ergiebiger zu machen. Weiterhin bleiben die Kapital- und Zinseinkommen aber de jure einkommensteuerpflichtig. Die KESt ist lediglich als Vorauszahlung auf diese - weitgehend hypothetische - Steuerpflicht anzusehen. Die Abschaffung der Freibeträge und Steuerbefreiungen soll wohl vor allem das Bewußtsein schaffen, daß auch Kapital- und Zinseinkommen steuerpflichtige Einkommen wie alle anderen sind.

Insgesamt kann der Steuerreform 1988 im Teilaspekt der durch sie vollzogenen Umgestaltung des Systems der Sparförderung ein durchaus positives Urteil ausgestellt werden. Im Bewußtsein der in der vorliegenden Studie geäußerten Kritik an den historisch gewachsenen Ausprägungen des Sparförderungssystems wurden eine ganze Reihe von Problembereichen entschärft bzw. wenigstens ansatzweise geändert. Entsprechend der langfristigen Umgestaltung der makroökonomischen Konstellation vom Spar- zum Investitionsdefizit war die Reduktion des Ausmaßes der Sparförderung eine längst fällige Maßnahme. Sieht man von der in Österreich - aber auch in der BRD - politisch schwer in den Griff zu bekommenden Frage einer - gegenüber den anderen Einkommensarten - "gerechten" Besteuerung von Zinseinkommen ab, so stellt sich die Sparförderung nach der Steuerreform als durchaus akzeptables Instrumentarium zur Beeinflussung der Veranlagungsstruktur dar. Begünstigt werden zweckbezogen die Verwendungskategorien (Alters-) Vorsorge, Wohnraum und Risikokapitalbildung. Verteilungspolitisch wäre für die Zukunft ein Ersatz von steuerlichen Förderungsmaßnahmen (Sonderausgaben) durch Prämienförderung wünschenswert. Hauptaufgabe müßte aber auch in dieser Hinsicht zweifellos sein, die nun bestehende Besteuerung der Zinseinkommen von 10% in eine tatsächliche Besteuerung nach dem Einkommensteuertarif überzuführen.

Das Sparförderungssystem in Österreich nach der Steuerreform 1988

*Erwerbsförderung:*

| | |
|---|---|
| Prämienbegünstigung Bausparen | |
| Sonderausgabenförderung | Versicherungssparen |
| | Genußscheine/junge Aktien |
| | (gemeinsam mit Wohnraumschaffung) |

*Ertragsförderung:*

Freigrenze von 10.000 öS für sonstige Einkünfte Steuerbefreiung für Ausschüttungen Genußscheine/jg.Aktien (für "alte" festverzinsliche Wertpapiere bleiben die Begünstigungen weitgehend bestehen: Zinsen aus bis 31.12.1983 begebenen Wertpapieren sind vollkommen steuerfrei, zwischen dem 1.1.1984 und dem 31.12.1988 emittierte Papiere unterliegen nur der KESt, bleiben aber einkommensteuerfrei)

Ausmaß der potentiellen Steuerhinterziehung aufgrund der anonymen Veranlagungsmöglichkeiten durch Einführung eines KESt-Satzes von 10% (im Quellenabzugsverfahren) reduziert auf die Differenz zwischen dem jeweiligen Grenzsteuersatz des Einkommensteuertarifs und dem 10% KESt-Steuersatz.

**Literaturverzeichnis:**

Albers, W.: Transferzahlungen an Haushalte. Die Förderung der Vermögensbildung breiter Schichte, in: Neumark, F. (Hrsg.): Handbuch für Finanzwissenschaft, 3. Aufl., Tübingen 1977

Albers, W.: Einkommensverteilung II, Verteilungspolitik, in: HdWW, Band 2, Stuttgart 1980

Albers, W.: Förderung der Vermögensbildung, in: Der volkswirtschaftliche Sparprozeß, Beihefte zu Kredit und Kapital, Heft 9, Berlin 1985

Andel, N.: Finanzwissenschaft, Tübingen 1983

Atkinson, A.B./Stiglitz, J.E.: Lectures on Public Economics, London 1980

Becker, Ch./Fullerton, D.: Income Tax Incentives to Promote Saving, National Tax Journal 3/1980

Bender, D.: Vahlens Kompendium der Wirtschaftstheorie und Wirtschaftspolitik, Band 2, München 1981

Blinder, A.S.: Distribution Effects and the Aggregate Consumtion Function, Journal of Political Economy 3/1975

Blümle, G.: Zum heutigen Stand der Theorie des Sparens, in: Der volkswirtschaftliche Sparprozeß, Beihefte zu Kredit und Kapital, Heft 9, Berlin 1985

Boskin, M.J.: Taxation, Saving and the Rate of Interest, Journal of Politival Economy 2/1978

Brümmerhof, D.: Finanzwissenschaft, 2 Aufl., München- Wien 1987

Byrne, W.J.: Fiscal Incentives for Household Saving, IMF-Staff Papers

Deaton, A./Muellbauer, J.: Economics and Consumer Behaviour, Cambridge 1980

Deutsche Bundesbank: Ergebnisse der Gesamtwirtschaftlichen Finanzierungsrechnung für das Jahr 1986, Monatsberichte der Deutschen Bundesbank, Mai 1987

Die Wiener Börse 1986, Girozentrale Wien

Doralt, W./Ruppe, H.G.: Grundriß des österreichischen Steuerrechts, Band 1, Wien, 1. Aufl. 1978, 3. Aufl. 1986

Dorn, H.: Die Sparförderung im österreichischen Steuersystem, Wirtschaftspolitische Blätter 5/1979

Finanzschuldenbericht der Österreichischen Postsparkasse, Wien 19..

Förderungsbericht, Bericht der Bundesregierung über die im Jahre 1986 gewährten direkten Förderungen und geleisteten Einnahmenverzichte (indirekte Förderungen) des Bundes gemäß §54 des Bundeshaushaltsgesetzes, Bundesministerium für Finanzen, Wien

Geiger, H.: Ziele der staatlichen Förderung der Vermögensbildung, in: Der volkswirtschaftliche Sparprozeß, Beihefte zu Kredit und Kapital, Heft 9, Berlin 1985

Genser, B.: Public Finance and Private Saving in Austria: The Effects of Saving Promotion, Empirica 2/1981

Greisinger, H.: Theorie und Praxis der Sparförderung in Österreich, in: Determinanten des Sparens, Dr. Stigleitner-Schriftenreihe, Band 17, Wien 1977

Hausman, J.A./Poterba, J.M.: Household Behavior and the Tax Reform Act of 1987, Journal of Economic Perspectives, 1/1987

Holzmann, R./Winckler, G.: Austrian Economic Policy. Some Theoretical and Critical Remarks on "Austro-Keynesianism", Empirica 2/1983

Hubbard, R.G.: Do IRAs and Keoghs Increase Saving? National Tax Journal 1/1984

Kaldor, N.: An Expenditure Tax, London 1955

Kaldor, N.: Alternative Theories of Distribution, Review of Economic Studies, 23, 1956

Kaldor, N./Mirrless, J.: A New Model of Economic Growth, review of Economic Studies, 29, 1962

Kitzmantel, E.: Zur steuerlichen Sparförderung in Österreich, Schriftenreihe Volkswirtschaft der Österreichischen Postsparkasse, 6/1986

Krause-Junk, G.: Finanzwirtschaftliche Verteilungspolitik, in: Neumark F. (Hrsg.): Handbuch der Finanzwissenschaft, 3. Aufl., Tübingen 1981

Kunst, R./Rosner, P./Winckler, G.: Bausparen in Österreich, Manuskript, Wien o.J.

Lehner, G.: Direkte Wirtschaftsförderung des Bundes, Die Erste - Wirtschaftsanalysen 1/1980

Mitteilungen des Direktoriums der Oesterreichischen Nationalbank, Wien 19..

Molho, L.E.: Interest Rates, Saving and Investment in Developing Countries: A Re-Examination of the McKinnon-Shaw Hypotheses, IMF-Document 85/63, 1985

Mooslechner, P.: An wen fließen die Zinszahlungen für die österreichische Staatsschuld? WIFO-Monatsberichte, 8/1987

Mooslechner, P.: Sozioökonomische Strukturen der privaten Geldvermögensbildung, Manuskript, Wien 1987

Nowotny, E.: Der öffentliche Sektor, Berlin-Heidelberg 1987

Pucharski, J.: Das Einkommenssteuergesetz, 4. Aufl., Wien 1953

Sandmo, A.: The Effects of Taxation on Savings and Risk Taking, in: Auerbach, A.J./Feldstein, M. (Eds.): Handbook of Public Economics, Vol. 1, Amsterdam 1985

Schlieper, U.: Kapitalbildung und volkswirtschaftlicher Entwicklungsprozeß, in: Der volkswirtschaftliche Sparprozeß, Beihefte zu Kredit und Kapital, Heft 9, Berlin 1985

Schlesinger, H.: Kapitalmarkt, Kapitalbildung und Kapitalallokation, in: Schneider, D. (Hrsg).: Kapitalmarkt und Finanzierung, Schriften des Vereins für Socialpolitik, Bd. 165, Berlin 1987

Schlögl, W./Wiesner, W./Nolz, W./Kohler,G.: Einkommenssteuergesetz, 8. Aufl., Wien 1986

Statistische Nachrichten, Österreichisches Statistisches Zentralamt, Wien 19..

Steuerle, E.: Building New Wealth by Preserving Old Wealth: Savings and Investment Tax Incentives in the Postwar Era, National Tax Journal 3/1983

Stiglitz, J.E.: Economics of the Public Sector, New York-London 1986

Streißler, E. und M.: Einführung in die Volkwirtschaftslehre für Juristen, Wien 1984

Subventionsbericht, Bericht der Bundesregierung über Subventionen des Bundes im Jahre 19.., Bundesministerium für Finanzen, Wien

Szopo, P.: Die österreichische Privatversicherungswirtschaft im Jahr 1985, WIFO-Monatsberichte 2/1987

Timm, H.: Finanzwirtschaftliche Allokationspolitik, in: Neumark, F. (Hrsg.): Handbuch der Finanzwissenschaft, 3. Aufl., Tübingen 1981

Venti, ST./Wise, D.: Have IRAs Increased Savings? NBER-Working Paper no. 2217, 1987

WIFO: Die Sparförderung in Österreich, WIFO-Monatsberichte 1/1962

Winckler, G.: Stand der Reformmöglichkeiten der Sparförderung, Finanznachrichten Nr. 13, Wien, 26. März 1987

Wittmann, W.: Einführung in die Finanzwissenschaft, Stuttgart 1975 und 1977

Wright, C.: Saving and the Rate of Interest, in: Harberger, A./Bailey, M. (Eds): Taxation of Income from Capital, Washington 1969

Zimmermann, H./Henke, K.D.: Einführung in die Finanzwissenschaft, 2. Aufl., München 1978

# Wirtschaftswissenschaftliche Beiträge

Band 1
Christof Aignesberger
**Die Innovationsbörse als Instrument zur Risikokapitalversorgung innovativer mittelständischer Unternehmen**
1987. 326 Seiten. Brosch. DM 69,-
ISBN 3-7908-0384-7

Band 2
Ulrike Neuerburg
**Werbung im Privatfernsehen**
- Selektionsmöglichkeiten des privaten Fernsehens im Rahmen der betrieblichen Kommunikationsstrategie
1988. 302 Seiten. Brosch. DM 69,-
ISBN 3-7908-0391-X

Band 3
Joachim Peters
**Entwicklungsländerorientierte Internationalisierung von Industrieunternehmen**
- Eine theoretische und empirische Analyse des Entscheidungsverhaltens am Beispiel der deutschen elektronischen Industrie -
1988. 165 Seiten. Brosch. DM 49,-
ISBN 3-7908-0397-9

Band 4
Günther Chaloupek
Joachim Lamel und Josef Richter (Hrsg.)
**Bevölkerungsrückgang und Wirtschaft**
- Szenarien bis 2051 für Österreich -
1988. 478 Seiten. Brosch. DM 98,-
ISBN 3-7908-0400-2

Band 5
Paul J. J. Welfens und
Leszek Balcerowicz (Hrsg.)
**Innovationsdynamik im Systemvergleich**
- Theorie und Praxis unternehmerischer, gesamtwirtschaftlicher und politischer Neuerung -
1988. 466 Seiten. Brosch. DM 90,-
ISBN 3-7908-0402-9

Band 6
Klaus Fischer
**Oligopolistische Marktprozesse**
- Einsatz verschiedener Preis-Mengen-Strategien unter Berücksichtigung von Nachfrageträgheit -
1988. 169 Seiten. Brosch. DM 55,-
ISBN 3-7908-0403-7

Band 7
Michael Laker
**Das Mehrproduktunternehmen in einer sich ändernden unsicheren Umwelt**
1988. 209 Seiten. Brosch. DM 58,-
ISBN 3-7908-0413-4

Band 8
Irmela von Bülow
**Systemgrenzen im Management von Institutionen**
- Der Beitrag der Weichen Systemmethodik zum Problembearbeiten -
1989. 278 Seiten. Brosch. DM 69,-
ISBN 3-7908-0416-9

Band 9
Heinz Neubauer
**Lebenswegorientierte Planung technischer Systeme**
1989. 183 Seiten. Brosch. DM 55,-
ISBN 3-7908-0422-3

Band 10
Peter Michael Sälter
**Externe Effekte: „Marktversagen" oder Systemmerkmal?**
1989. 196 Seiten. Brosch. DM 59,-
ISBN 3-7908-0423-1

Band 11
Peter Ockenfels
**Informationsbeschaffung auf homogenen Oligopolmärkten**
- Eine spieltheoretische Analyse -
1989. 163 Seiten. Brosch. DM 58,-
ISBN 3-7908-0424-X

Band 12
Olaf Jacob
**Aufgabenintegrierte Büroinformationssysteme**
- Allgemeines Datenmodell und Probleme der Realisierung -
1989. 177 Seiten. Brosch. DM 55,-
ISBN 3-7908-0430-4

Band 13
Johann Walter
**Innovationsorientierte Umweltpolitik bei komplexen Umweltproblemen**
1989. 208 Seiten. Brosch. DM 59,-
ISBN 3-7908-0433-9

Band 14
Detlev Bonneval
**Kostenoptimale Verfahren in der statistischen Prozeßkontrolle**
- Eine praxisorientierte Untersuchung -
1989. 180 Seiten. Brosch. DM 55,-
ISBN 3-7908-0440-1

Band 15
Thomas Rüdel
**Kointegration und Fehlerkorrekturmodelle**
- Mit einer empirischen Untersuchung zur Geldnachfrage in der Bundesrepublik Deutschland -
1989. 138 Seiten. Brosch. DM 49,-
ISBN 3-7908-0441-X

Band 16
Konrad Rentrup
**Heinrich von Storch, das „Handbuch der Nationalwirthschaftslehre" und die Konzeption der „inneren Güter"**
1989. 146 Seiten. Brosch. DM 55,-
ISBN 3-7908-0445-2

Band 17
Manfred A. Schöner
**Überbetriebliche Vermögensbeteiligung**
1989. 417 Seiten. DM 98,-
ISBN 3-7908-0446-0

Band 18
Paulo Haufs
**DV-Controlling**
- Konzeption eines operativen Instrumentariums aus Budgets - Verrechnungspreisen - Kennzahlen -
1989. 166 Seiten. DM 55,-
ISBN 3-7908-0447-9

Band 19
Rainer Völker
**Innovationsentscheidungen und Marktstruktur**
- Der suchtheoretische Ansatz -
1989. 221 Seiten. DM 65,-
ISBN 3-7908-0452-5

Band 20
Petra Bollmann
**Technischer Fortschritt und wirtschaftlicher Wandel**
- Eine Gegenüberstellung neoklassischer und evolutorischer Innovationsforschung -
1989. 184 Seiten. DM 59,-
ISBN 3-7908-0453-3

Band 21
Franz Hörmann
**Das Automatisierte, Integrierte Rechnungswesen**
- Theoretische Konzeption und praktische Realisation mit einem Programmpaket geschrieben in der Programmiersprache C -
1989. 408 Seiten. Brosch. DM 89,-
ISBN 3-7908-0454-1

Band 22
Winfried Böing
**Interne Budgetierung im Krankenhaus**
- Beziehungen zur externen Budgetierung, Gestaltungsformen, Voraussetzungen und Steuerungsmöglichkeiten -
1990. 274 Seiten. Brosch. DM 69,-
ISBN 3-7908-0456-8

Band 23
Gholamreza Nakhaeizadeh und Karl-Heinz Vollmer (Hrsg.)
**Neuere Entwicklungen in der Angewandten Ökonometrie**
- Beiträge zum 1. Karlsruher Ökonometrie-Workshop -
1990. 248 Seiten. Brosch. DM 68,-
ISBN 3-7908-0457-6

Band 24
Thomas Braun
**Hedging mit fixen Termingeschäften und Optionen**
- Ein Vergleich auf der Grundlage eines operationalisierten Risikomanagementkonzeptes -
1990. 167 Seiten. Brosch. DM 55,-
ISBN 3-7908-0459-2

GPSR Compliance

*The European Union's (EU) General Product Safety Regulation (GPSR) is a set of rules that requires consumer products to be safe and our obligations to ensure this.*

*If you have any concerns about our products, you can contact us on ProductSafety@springernature.com*

In case Publisher is established outside the EU, the EU authorized representative is:

Springer Nature Customer Service Center GmbH
Europaplatz 3
69115 Heidelberg, Germany

**Batch number: 10816188**

Printed by Printforce, the Netherlands